JN254124

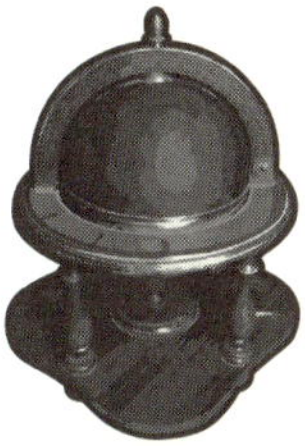
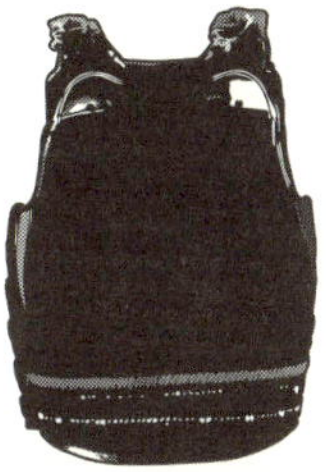
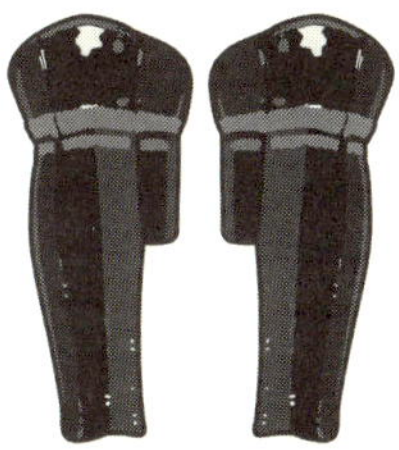
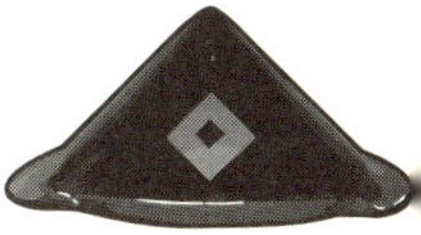

教科書には載っていない！

戦国時代の大誤解

熊谷充晃著

彩図社

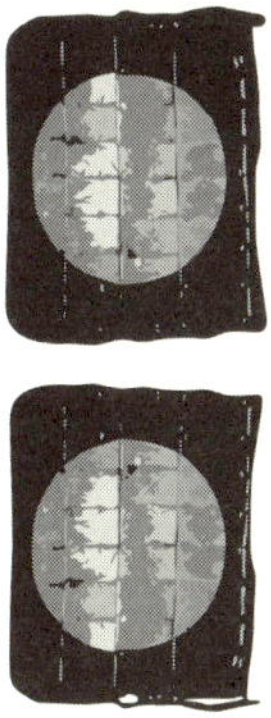
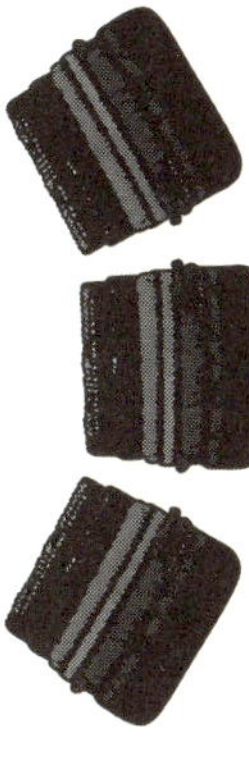
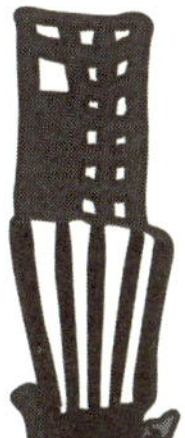
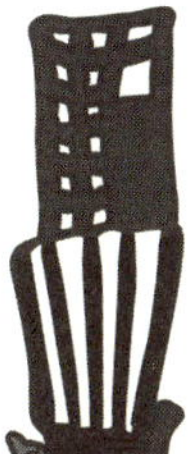
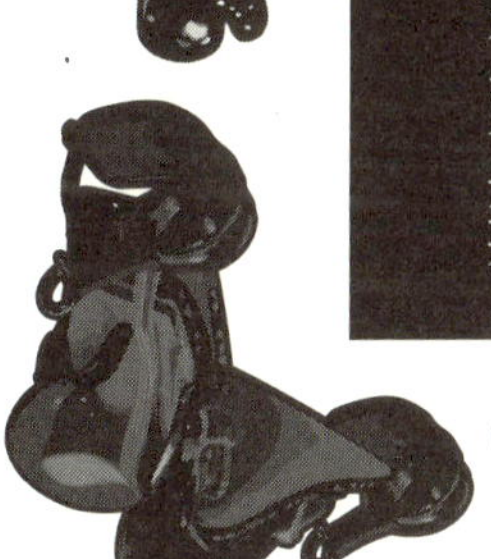

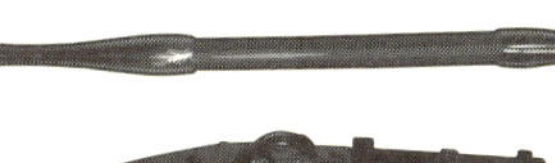
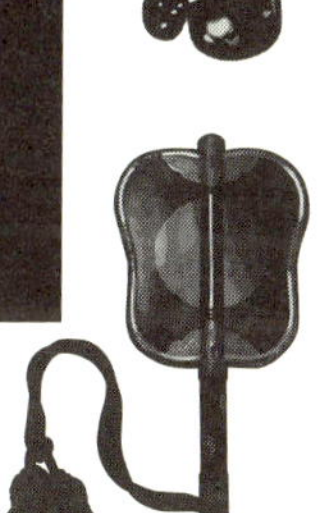

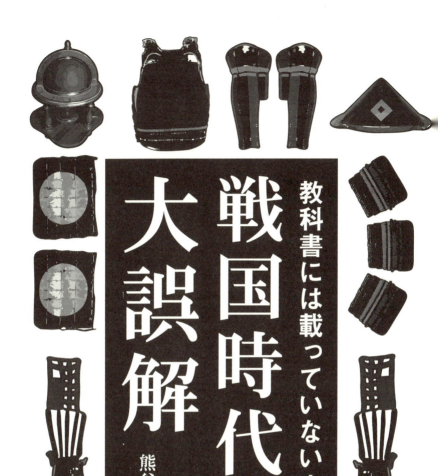

はじめに

「戦国時代」という言葉で、何を想像するだろうか？

華々しい鎧兜に身を包み、雄々しく馬に跨った騎馬武者の軍団が、土煙をあげて敵軍と激突するところだろうか。はたまた、鉄砲隊の一斉射撃が起こす砲煙で覆われた戦場で、刀と刀で雌雄を決する武将の姿だろうか。

こうした光景はドラマや映画、漫画でお馴染みだが、実はどれも〝誤解〟に満ちている。

まず、武士が私たちが想像するような、きらびやかな甲冑で戦場に出ていたのは、鎌倉時代あたりが最後であり、戦国時代にはより実践的な作りの「当世具足」で戦っていた。それに「一騎打ち」で戦いの決着をつけることなどなかったから、武将は目立たない格好で自陣の奥に引っ込んでいることが多かったのだ。

「騎馬軍団」は戦国時代の代名詞ではあるが、ドラマなどで登場する筋骨隆々の馬は、サラブレッドなどの外国産。当時の日本馬といえば、ポニーのような大きさで短足という、ちんちくりんな個体しか存在しなかった。せいぜい人や物資を乗せて戦場に向かうのが精一杯であり、ほとんどは戦場に出ることはなかった。

迎え撃つ鉄砲隊にしても、当時の火縄銃は弾丸の装填に30秒ほどを要し、さらに命中精度も一定ではないから、言われているほど万能な兵器ではない。「長篠の戦い」では、織田信長が3000挺の鉄砲で「三段撃ち」を敢行したというが、集められた鉄砲はせいぜい1000挺であり、「三段撃ち」なる戦術は、非効率的かつ実現性に乏しいことが証明されている。

さらに、戦場で足軽たちが使う主たる武器は「長槍」であり、刀は滅多に使わなかった。刀は扱うためには高度な訓練を要するが、長槍は振り上げておろすだけで敵に打撃を与えられるし、敵と離れているから士気の低い者でも戦うことができる。

こうした〝誤解〟は、戦国時代の主役たる戦国武将にも及んでいる。

例えば、織田信長といえば、逆らう者は容赦なく粛清し、身内にもとても厳しく接した武将だと思われている。ところが、実は「謀反の恐れがある」と忠告までされた荒木村重という人物を抜擢して重用し、案の定裏切られると、「母親を人質に出せば許してやる」と大甘な一面を見せている。他にも浅井長政や松永久秀など、自分が信用する人物にはことごとく裏切られるなど、人を信じやすい、お人好しな性格だったのである。

また、徳川家康といえば、「三河武士」と呼ばれる、家康に忠誠を誓った家臣団が周りを固め、彼らのおかげで天下統一を果たしたと言われている。ところが彼の生涯を見ると、その「三河武士」に人身売買で売り飛ばされたり、反乱を起こされて窮地に陥っただけではなく、全幅の信頼を置いていた石川数正という武将があっさり豊臣秀吉に寝返り、機密漏洩の危機に立たされている。覇業に貢献するどころか、足を引っ張っている。

本書は史料をもとに、こうした数々の〝誤解〟を紐解き、戦国時代の真の姿に迫ったものである。

イメージとは違った現実を知り、幻滅することもあるかもしれない。しかし、筆者はそれで戦国時代の魅力が損なわれるとは、まったく考えない。むしろ、今までの印象とは異なる視点を手に入れることで、歴史はより新鮮な輝きをあなたの目にもたらすはず。

本書がその一助となれば、幸いである。

戦国時代の大誤解　目次

第二章 戦国大名 天下獲り戦略の内幕

第三章　戦国時代はこんな社会だった！　107

第四章 戦国武将たちの意外な実像 157

第一章● 戦国の合戦 本当はこうだった

1

【信長のミラクルではなかった】
「桶狭間の戦い」は奇襲ではない

●取るに足らない存在だった

戦国時代きっての英雄といえば、織田信長である。「織田がつき　羽柴がこねし天下餅　座るがままに食うは徳川」※の狂歌にもあるように、日本が統一される足がかりを作った戦国武将として非常に高い評価を受けてきた。

主要な戦いのほとんどで勝利を収めた信長の戦歴のなかでも、語り草となっているのが上洛を目指す東海道の覇者・今川義元を奇襲で討ち取った「桶狭間《おけはざま》の戦い」（１５６０年）である。

この戦いは「公家趣味に走った大大名・義元を若き変革者・信長が乾坤一擲の奇襲で破った」として広く知られている。ところが、近年になってさまざまな歴史家や研究者が、この〝通説〟にメスを入れ、日本人のイメージが間違っていたことが立証されつつある。

※織田がつき……信長が畿内を制覇して全国統一の足がかりを作ったのち、秀吉が天下を一統し政権を樹立し、それを倒す形ですべてを継承したのが家康だから。

●戦場は「桶狭間」ではなかった

まずは戦いの背景をおさらいしておこう。駿河、遠江（ともに静岡県）、三河（愛知県）の3ヶ国を治める大大名、今川義元は背後の武田信玄・北条氏康※と「甲相駿三国同盟」※を締結し後顧の憂いを断つと、いよいよ上洛を目指し動き出す。

絵画に描かれた「桶狭間の戦い」で義元に一番槍をつける服部小平太

4万人と称する大軍を前に織田家の前線基地、鷲《わし》津《づ》・丸根の砦は陥落し、いよいよ本拠・清州城に迫っていた。信長は家督相続前の「うつけ者」のイメージそのままに、城に籠って態度をはっきりさせず、重臣たちは気を揉んでいた。

しかし密偵から「義元が桶狭間にて休息中」との耳打ちを受けると、突如立ち上がり十八番のナンバー「敦盛」を舞い踊る。そして、「勝利は我らにあり！」と大喝して自軍を鼓舞すると、さっそうと馬にまたがって単騎駆け出した。あっけにとられた家臣たちだが心を決め、信長に従って桶狭間の敵本陣に一直線。

緒戦の勝利に気を良くした義元は、狭隘な桶狭間の地を休憩場所に選び、酒宴を開いていた。想定外の奇

※北条氏康
（１５１５〜１５７１）小田原北条氏の３代目。内政にも外交にも優れた手腕を発揮。領国の支配制度を改革するなどして、初代早雲以来の覇業をよく受け継いだ戦国関東きっての名将。

※甲相駿三国同盟
甲斐の武田、相模の北条、駿河の今川が、相互に婚姻関係を結んで１５５４年に締結した、現在でいう相互不可侵条約のようなもの。当主（信玄、氏康、義元）が会見して締結したといわれており、その場所から「善徳寺の会盟」とも呼ばれる。

襲に色を失った今川軍は大混乱に陥り、乱戦の中で織田家家中の毛利新助が義元の眼前に飛び出す。「覚悟！」と突き出された槍を一度は払った義元だったが、やがて力尽き首をはねられる――。

これが「事実」として定着してきた戦いの様子だが、まず戦場からして間違っている。場所は「桶狭間」ではなく「田楽狭間」であり、またここは通説にあるような、本陣を構えるには不的確な「狭隘な谷」ではなかった。

だいたい、義元は「※海道一の弓取り」と謳われ、東海地方随一の大国を築き上げていたのだから、そんな下手を打つはずもない。

●「奇襲」ではなく「正面攻撃」？

また、この戦いが「奇襲」だったという話も、極めて疑わしい。

織田家関連の史料として最も信頼性が高い『※信長公記』によれば、信長は善照寺砦に全軍を集結させた後、鷲津・丸根両砦を陥落させて疲労した今川軍を狙うべく、中嶋砦から南下して攻撃を仕掛けたことになっている。

その動きは「奇襲」ではなく、どう見ても「正面攻撃」である。しかし現れた敵は、砦の攻撃部隊ではなく、なんと義元本隊の前衛であった。それを知る由もない織田軍の攻撃で義元の本隊まで混乱し、ついには総大将も打ち取られてしまった――というのが現在有

※海道一の弓取り
「歴史は勝者が作る」とはよく言ったもので、後世に信長が褒められれば褒められるほど、義元の実像は歪められ「公家趣味に走った軟弱な武将」というイメージが作り上げられてしまったのだ。

※『信長公記』
織田信長の側近として長く仕えた太田牛一が晩年に、書き溜めてきた自身の日記を軸に史料を収集するなどしてまとめた信長の一代記。リアリティと整合性に優れていて、当時の信長と世相を知る第一級の史料として使われる。

力視されている説なのである。

信長の狙い通り、確かに敵軍には疲労があった。織田領内に深く入り込み、満足な休息がとれなかったのだ。それにしても「奇襲」ではなく「正面攻撃」だったとしたら、大軍だったはずの今川軍がなぜ織田軍に敗れてしまったのか？　という疑問が残る。

しかし、そもそも両軍には、そこまでの兵力差がなかったようなのだ。というのも、大軍が上洛するために織田領内に入ってくるとなれば、相応の混乱が起きなければおかしい。織田家の敗色が濃厚なのであれば、内通者が出たり、謀反が勃発しているはず。

ところが、織田領内に大きな混乱があったとする記録は一切ない※。これは両軍の実力がある程度拮抗していたことの有力な証拠だ。義元が率いる公称4万人の兵はせいぜい2万人が実際の数で、しかも非戦闘員を除くとさらに減少したという。

対する信長の兵力は2000人などと脚色されているが、実は数千人の戦闘員を動員することができたのだ。

桶狭間の古戦場跡

●単なる国境争いの一環だった？

だとすれば、今川義元が「上洛」による天下獲

※一切ない
それどころか、熱田の町人たちは今川家に味方して攻めてきた一向門徒と戦い、これを撃退している。

りを目論んでいたという話も、俄然信ぴょう性を失ってくる。確かに義元の家は足利将軍家と縁がある名門で、上洛して将軍を助けるという動機も納得はできる。

しかし、この程度の陣容で京都まで辿り着くことができるかどうかというと、極めて厳しい。上洛の途上には尾張（愛知県）の織田家、美濃（岐阜県）の斎藤家だけではなく、近江（滋賀県）の六角家や越前（福井県）の朝倉家など、有力大名が目白押しである。

軍勢を率いて京都に居座るためには、彼らへの根回しが不可欠だが、今川軍はひた押しに織田家に迫るだけで、途上の各国に連絡をとった形跡が※一切ない。

そこで導き出されるのは「義元の狙いは尾張一国」という結論だ。織田領内の静けさ、上洛するにしては少ない今川軍の陣容、諸大名になかった連絡――すべての辻褄が合う。

だとすれば「桶狭間」の戦いは、信長の父・信秀の代から、何度も繰り広げられてきた今川・織田両家の尾張を巡る争いのひとつに過ぎず、たまたま本隊が張り出したところに正面から信長が現れ、義元は運悪く命を落とした、という真相にたどりつく。

信長が一躍名を上げた戦いに水を差す形になったが、義元を討ち取って進軍を止めたのは事実だし、伸びきった敵軍への狙いも正確だった。

また、信長が義元の進軍までに尾張一国を束ねられていなかったら、まったく違う結果になっていただろう。「運も実力のうち」とはよく言ったものだが、この場合の彼は実力によって強運を引き寄せたというのが正確だろう。

※一切ない
ついでに言えば、これから助けるはずの足利将軍家との書簡のやりとりもない。

2 【3000挺も三段撃ちもなかった】
実は夢がなかった「長篠の戦い」

●「騎馬軍団」対「鉄砲軍団」？

信長の合戦で、ファンタジーが膨らみ過ぎたもうひとつの例が1575年の「長篠の戦い」だ。「甲斐の虎」武田信玄の跡を継いだ武田勝頼※を、徳川家康との連合軍で打ち破ったこの合戦は、武田家滅亡の呼び水になった。

東日本の勢力図を大きく変えたことより有名なのが、斬新な信長の戦い方だ。

織田・徳川軍は、徳川家の長篠城の西方にある設楽《しだら》が原に布陣し柵を立てて武田軍を待ち受ける。対する武田勝頼は信玄の代からの歴戦の将を前面に押し立て、十八番の騎馬隊による突撃を敢行する。

信長は柵の内側に3000挺にも及ぶ鉄砲を配し、これを3隊に分けて武田軍を迎撃する。火縄銃には弾込めに時間がかかるという弱点があったが、3隊に分けることによっ

※武田勝頼
（1546〜1582）
武田信玄の四男。母が諏訪頼重の娘だったため、武田家だけではなく信玄が滅ぼした諏訪家の跡取りともされた。武田家は「長篠の戦い」後も存続したが、とどめを刺しにきた織田・徳川連合になす術なく、落ち延びた先で一門重臣・小山田信茂の裏切りにあい絶命。

て絶え間ない銃撃が可能となり、この「三段撃ち」によって無敵を誇った武田騎馬隊は脆くも壊滅した――というのが、日本人のイメージする「長篠の戦い」だ。

織田・徳川軍の鉄砲隊の前に崩れ落ちる騎馬隊を描いた絵画

●「三段撃ち」のメリットがない

3000挺の鉄砲と「三段撃ち」については多くの歴史家が否定しているが、ここではなぜ有効な戦術ではないのか、解き明かしていこう。

確かに当時の織田家は、※全国でも有数の鉄砲を所持していた。しかし原材料の調達や製造コストを考えれば、せいぜい1000挺が限界だったという。

「鉄砲は1000挺だったとしても、それを3つに分けて迎撃させれば、言われているような戦術が採れるのではないか」と思われる方もいるだろう。しかし、これも数多くの専門家が検証したところ、この「三段撃ち」で攻撃の効率が上がることはなく、むしろ速射性が低下する可能性があることが指摘されている。

考えてもみて欲しい。

※全国でも有数の鉄砲　当時はどの大名家も最新の火器である鉄砲に興味を持ち、少なからず保有していた。だが「飛び道具は卑怯」という観念や、最新ゆえの信頼性の低さなどから、積極的に活用していた家は少なかった。武田家にも当然あり、実戦で使われもしていた。

「三段撃ち」を完成させるためには、前後に3人が並び、最前列の射手が発砲すると即座に最後尾に下がって弾込め作業に入り、順繰りに二番手、三番手が前進して発砲という動作を、大勢の兵士が一糸乱れず実行する必要がある。

兵士が頻繁に入れ替わるのだから、隊列の横には大きなスペースを空けておく必要がある。砲煙が上がるなか、密集した状態でローテーションをしようとすれば混乱が生じるからだ。せっかく敵の侵入を防ぐために馬防柵を張り巡らしているのに、「三段撃ち」のために、妙に間延びした陣形を組まなければならない。

織田軍が「三段撃ち」なる戦術を採用するメリットは、どこにもなかったのである。では、どうやって信長は騎馬突撃してくる武田軍を打ち破ったのか。そもそも武田軍に「騎馬軍団」なる組織はなかったのだが、その件については別項に譲るとして、まず両軍の戦力差が歴然としている。

織田・徳川連合軍は4万人に迫る大軍だったのに対し、武田軍はせいぜい1万5000人程度。勝頼は信長・家康と一大決戦をするつもりなど毛頭なく、徳川家の前線基地※である長篠城を落とそうとしていた。

そこへ信長が大軍を進めて堅牢な陣地を築き、さらに別働隊を動かして城の包囲網を崩しにかかった。進退極まった勝頼は設楽が原で待ち受ける両軍に、野戦を挑み敗れた。画期的な戦術ではなく、両軍の兵力差がもたらした当然の結果に過ぎなかったのである。

※前線基地
長篠城に配された奥平貞能・信昌親子は、信玄の死が秘匿されていた頃に早くも死亡を確信し、家康に寝返っていた武将たち。防備を充実させた長篠城に置かれ対武田の最前線を担った。

3 【現実には締まらない光景が】武田軍の最強騎馬軍は実在せず？

●騎馬隊がいるのは日本人の心だけ

　ドラマや映画などで武田家の軍団が登場するシーンには、お約束となっている演出がある。それは、たくましい馬に跨った騎馬武者が群れをなして槍をしごき、敵軍に突入する勇猛果敢な姿だ。

「武田家は強大な騎馬軍団で戦国時代を席巻した」という通説に基づくこの場面は、黒澤明監督作品『影武者』※でも大迫力で再現された。北海道の撮影現場には百数十頭の馬と10人以上の獣医師が集められ、騎馬軍団が壊滅するシーンでは馬に麻酔を投与して戦場での〝死屍累々〟を表現したという。

　この大掛かりな演出が決定打となり、日本人にとって武田家といえば「最強騎馬軍団」というイメージが定着したようだ。戦国時代のファンなら誰もがお世話になるシミュレー

※黒澤明（1910〜1998）スピルバーグやコッポラなどが「影響を受けた」と公言する、日本を代表する世界的映画監督。日本人初のアカデミー賞名誉賞受賞者でもある。黒澤家は奥州の名門武士の末裔という家柄。

ションゲーム『信長の野望』※シリーズでは、武田信玄はじめ家中のほとんどの武将が騎馬戦において無類の強さを発揮する。

ところが武田家に限らず、こうした騎馬軍団は存在できなかったことがわかっている。

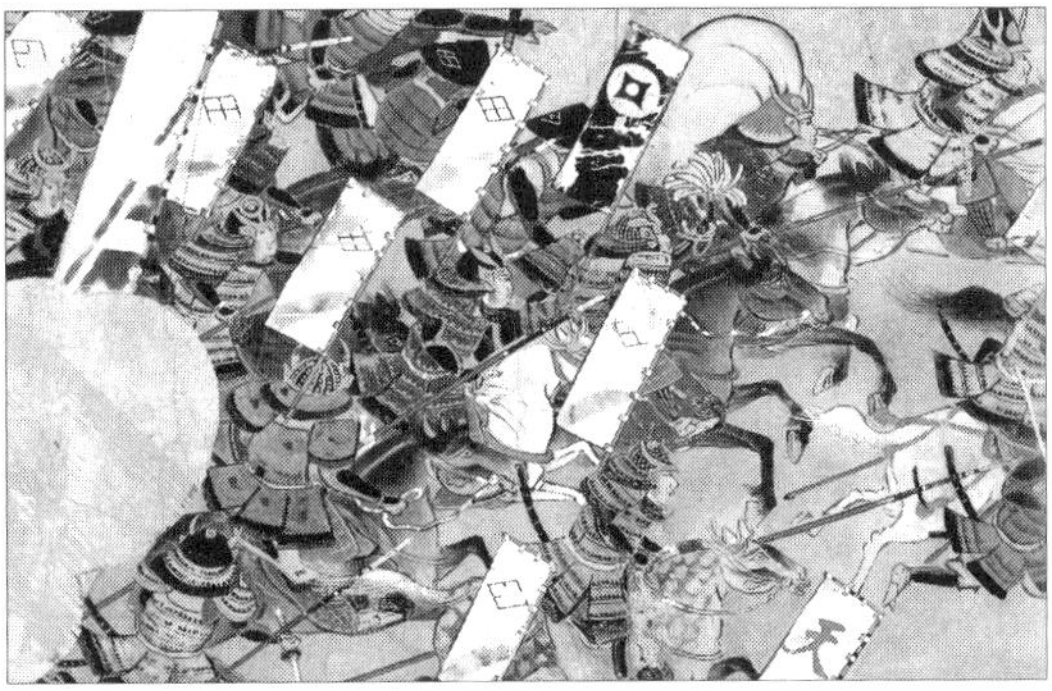

「川中島の戦い」で上杉軍に殺到する武田軍の騎馬軍団

●いるとすれば〝ポニー〟だけ

今日、私たちが「馬」という言葉の響きからイメージする姿形は、しなやかで細く長い四肢、引き締まった胴、スラリと上に伸びる首だ。ところが、こうした姿の馬は、競馬の隆盛とともに厳密に管理された交配から生み出されたものでしかなく、自然に生息する姿とはかけ離れている。

当然、ドラマや映画などで武士が騎乗しているのもサラブレッド※やアラブ種の馬だが、こんな筋骨隆々の馬は、当時だとヨーロッパにすら存在しない。

では、戦国時代の騎馬武者が何に乗っていたかといえば日本原産の馬だが、これが私たちの一般的なイメージを大きく裏切るものだ。

※信長の野望
1983年の第1作は、舞台がほぼ東海・北陸地方で、大名家に属するのは大名ひとりというシンプルなものだった。第2作「全国版」で一気に知名度が上昇、やがて能力を示す数値で表現される武将が登場するなど、歴史系シミュレーションゲームの基礎を作り上げた。2013年発表の第14作「創造」は30周年記念作品。

※サラブレッド
語彙は「徹底的に品種改良されたもの」。近代に入って競走用に改良を加えられてきた馬の品種。何より血統が重んじられ、高い実績を残したオスは種馬としての価値も上がる。

例えるとすれば、シルエットはポニーに近い。サラブレッドなどと比べると仔馬のように背は低く、ずんぐりむっくりの胴体に足は太くてガッチリしている。とてもギャロップはできそうにない姿だ。

彼らの戦場での役割は、武将を乗せての突撃ではなく「使役馬」として働くこと。背中に積み荷を載せて、輜重隊と行動をともにするのが※一般的な使われ方だったのだ。農閑期であれば、農耕馬を徴用して使っていたかもしれない。しかし、この場合は取り扱いに注意を要する。戦場で馬が命を落とすようなことがあれば、国力の低下に直結するからだ。

もちろん武士が乗ることもあった。しかし、乗馬が許されるのは侍大将など、幹部クラスのみ。一軍を騎馬武者で固めるようなことは、餌の問題など経済効率の面からしても割に合わないし、大量の馬を飼っておける場所の確保が難しい。また、武将が乗るといっても戦場に赴く道中だけの話で、戦場に着陣すればただちに下馬するのが普通だった。

●「歩くよりマシ」程度だった

武将が出陣する際には、必ず鎧兜を身につける。当時の甲冑には軽量素材が使われているはずもなく、全重量が30キログラムに達する場合もあったという。仮に武将の体重が50キログラムだとしても、それだけで軽く80キログラムは超える計算になる。

いくら下半身に安定感があるとはいえ、こんな重量をポニーに乗せたらどうだろう。

※一般的な使われ方
武田家の旧邸から出土した馬の骨は、前足の筋肉が発達しており重い物を背にして斜面を上り下りしていたことがうかがえるという。

弱い個体であれば、へたり込むか、立っていることがやっとで厳しい行軍すら耐えられなかっただろう。事実、完全武装した武将を当時の日本原産馬に乗せると、せいぜい人間の徒歩ぐらいのスピードしか出せなかったという。走るなど夢※のまた夢であり、ましてや突撃するなどとんでもない話だ。

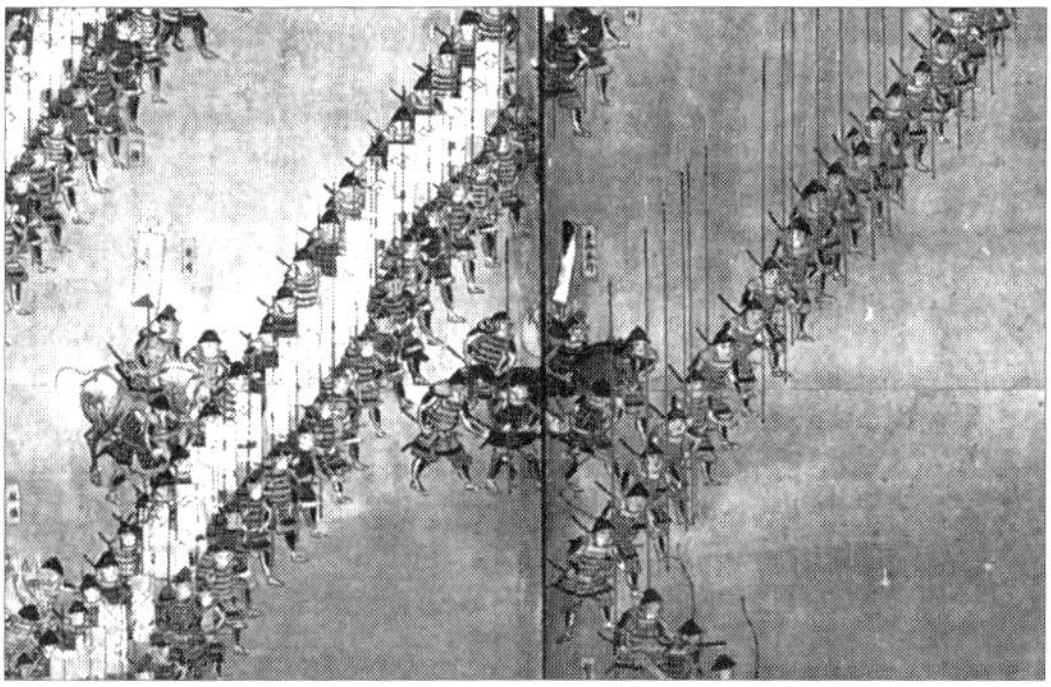

「川中島の戦い」での武田軍。歩兵の数に比べ、騎馬は極端に少ない

だから、完全武装した武将が戦場の最前線で馬に乗るというのは、イメージにあるような自由を得るのではなく、逆に動きを制限されることに等しかった。

ではなぜ、侍大将などの幹部が乗馬したのか。

それは単純に、甲冑を着用した状態で歩くことでの疲労を避けるためである。武将たちを前線まで送り届けた馬たちは、後方の安全地帯に集められる。

きっと人間たちの殺し合いには目もくれず、ひたすら周囲に生える草を貪り食い、空腹を満たしたことだろう。合戦が終わると撤収である。

いくぶん軽くなった荷駄を引き受ける馬もいれば、傷ついた足軽を運搬することになる馬もいる。想像の世界とは違い、なんとも締まらない光景なのである。

※夢のまた夢
日本原産馬の体高はせいぜい130センチ前後。当時の平均的日本人男性の身長が160センチ前後だったとしても、乗ると足が地面に着くすれすれだったと推測できる。

●最前線での役割は？

このように幹部武将は移動手段として馬を使用し、最前線で使うことはほとんどなかったわけだが、では、合戦図絵巻などに描かれる騎馬武者は何をしていたのか？

彼らは主に軽武装で部隊間の連絡係を務める者であったり、機動力を活かして逃げる敵軍を追撃するといった任に就く武将たちだ。追うのが馬なら、逃げるのも馬である。敗北した武将が戦場から離脱する際は、装備を軽装にして馬に鞭打ち、なるべく早く戦場から去るのである。

騎乗を許された武士がそもそも少なかったということがわかったが、ではなぜ冒頭に述べたような勇壮な「騎馬軍団の突撃」シーンが創作されたのだろうか？

歴史家たちが推測するのは、近代の戦争で伝令・偵察任務や大砲の牽引、物資の輸送で活躍した「騎兵」と、戦国時代の「騎馬隊」が混同されたのではないか？　ということである。こちらの「騎兵」は、「歩兵」や「砲兵」といった兵種と同じく、れっきとした兵科のひとつとして存在しており、全員が騎乗して任務にあたる組織である。

日本では導入が遅れたが、1905年の「日露戦争」で秋山好古※支隊がロシアのコサック騎兵を破ったことで、一躍名を上げた。あくまで戦国時代の騎馬というのは、見てきたように単独で運用されることがほとんどであり、集団で運用されることは皆無に等しかった。このふたつが混同されたことで、『影武者』のようなイメージができあがったのだ。

※秋山好古
（1859〜1930）

陸軍大学校の第1期生。フランス留学を経て、後に「日本騎兵の父」といわれ陸軍大将にまで昇った。有名な日露戦争の「丁字戦法」を発案した海軍軍人の秋山真之は実弟。

4 合戦の主役 足軽の悲喜こもごも

【一番の楽しみは賭博・強盗・誘拐】

●今でいう傭兵やアルバイト

戦国時代の領主、つまり土地を持つ支配者層に括られる武士たちは、皆が戦争のプロフェッショナルであることを求められた。戦になれば一軍を統率する総大将や、部隊を束ねる足軽大将などになったのだ。

彼らの下で、身を挺した「槍働き※」を求められる者たちが足軽である。

足軽は必要に応じて徴用される、アルバイトのような存在だった。その雇用形態には一定のルールがあり、大名ごとに差はあったものの、地域の集落に住む農民たちが、年貢のように取り決めのもとに集められた。

例えば、ある村を支配する武士がいたとする。彼にはその領地の広さや収穫高などを基準に、大名などの最高権力者から「動員すべき兵員数」が予め割り当てられている。いざ

※槍働き
大将同士の戦闘で戦の決着をつける「一騎打ち」が盛んだった平安時代までは、足軽の役割は限られていたが集団戦が基本となる南北朝時代からは合戦の主役として活躍するようになる。

江戸時代に描かれた「鉄砲足軽」の出で立ち

合戦となると、その武士は領地から決められた兵員を徴用するのだ。

この基準は厳格なもので、農民は基準以上の動員を求められても断ることができた。現にルール以上の動員をかけるような事態は稀で、そんなことをしたら一揆※などの国内騒乱を招く恐れがあり、もしもの時は事前に領民と交渉し、了解を取り付ける必要があった。

農村としては貴重な働き手を供するわけだから、領主は、徴用する代わりに年貢の減免などで折り合いを付ける必要もある。農民が無理やり、根こそぎ戦場に連行されることはなかったわけだ。

領民以外にも、世間のあぶれ者が志願して兵士になる場合もある。浪人などがそうで、彼らは食い扶持を得るために従軍するから、見返りを要求する。早い話が傭兵ということだ。

彼らは必要に応じて金品で雇われ、定められた軍役や従軍期間を過ごすとお役御免となる。合戦で抜群の軍功を上げれば士分として取り立ててもらえることもあるが、多くは死なない限り、戦場を求めて渡り歩く生活だった。

※一揆
もともとは、ひとつの理念や思想に基づいて結集、目的の実現をしたグループを指し、反抗するとか謀反を起こすという意味の言葉ではない。例えば「国人一揆」なら協力し合うことを誓い合った国人連合で、「一向一揆」は一向宗の門徒集団という意味。

●ドラマのように統一された格好ではなかった

当時の足軽は、約9割が農民だったといわれるが、徴用された足軽にも求められた義務がある。それは「武具・防具を自前で用意すること」だった。動員をかけた支配者層からも支給品は出るのだが、それでは間に合わない分を個人なり村落なりで用立て※するのだ。

だから、統一規格に基づいてユニフォームのように揃えることはできない。数を揃えてあるだけだから、同じ村落出身のグループなのに風体がバラバラということも珍しくはなかった。ドラマなどでは同じ部隊が同じ装束で統一されている場面を見ることがあるが、滅多にないことだったのだ。

例えば陣笠は形状に統一性がなく、見た目では同じ集団に所属しているかは判別できない。陣笠はまだ鉄製ではなく、場合によっては和紙製も使われていたというから、防御力はたかが知れている。槍だって長さが統一されているわけではないし、弓矢にしても事情は似たりよったりだ。

戦国時代が本格化する頃になると、日本各地で紛争状態が常態化していく。すると足軽たちも、常に軍役に駆り出されるような生活が続くことになった。

以前なら年に数日、何人かが徴用されて終わりだったのが、何ヶ月も戦場で過ごす必要性が出てくるわけだ。武器や防具は消耗品だったから、当然不足する事態を招くこともある。そこで次に述べる部隊間の「窃盗合戦」が横行することになる。

※用立てする
意外なことに当時の農村は自衛のために自警団を組織することも多く、その場合は武器や防具の備えもあった。それを持参するのだ。

絵画に描かれた、身支度を調える足軽

●足軽の楽しみは「ギャンブル」「強盗」「誘拐」

支給品や持参品が足りなくても、戦場に出るためには、装備を揃えて陣容を整えなければならない。すると足軽グループ相互間で窃盗行為が日常的に行われるようになる。

これは「員数合わせ」と呼ばれた行動で、村落単位などのグループ全員に装備が行き渡らないとなると、近くにいる別の集団から不足分を失敬してしまうのだ。被害にあった部隊は、文句を言うでもなく当たり前のような顔をして別のグループから拝借。こうして、装備が「足りていないけど足りている」状態を生み出していくのだ。

これ以外にも、槍の金具を取り外して失敬する不届き者もいた。もっとも盗みやすいとされたのは鎧一式をしまうための「鎧櫃※」という箱。外に出された状態で持ち運ぶのは容易ではないが、中身が入った箱だったら、背負ってトンズラするだけで甲冑が手に入る。

また、糧食は充分に支給されるものの、携行食は基本的に手弁当だったから、それを巡るギャンブルもあちこちで見られた。

気晴らしも込みの遊びだったが、負けがこんで食料を失うと「挽回してやる！」と躍起

※鎧櫃（よろいびつ）　鎧や兜などの防具をしまっておく箱。これを現地に持って行き、そこで着替えるなど「防具を持ち運べる」ものにする道具でもあった。

になって次は衣服を賭ける。

それでも負けてしまうと、最後に持参した武器や防具を賭ける。そんな調子で戦場には竹槍1本で登場する足軽もいた。身ぐるみが剥がされたとはいえ、兵役は全うしなければならないから、竹やぶから切り出して急造の槍を作ったりしたのだろう。

彼ら足軽が主に使う武器は、槍と弓矢だ。特に槍は、敵に穂先を向けて立つだけでも格好がつくから、農民にはうってつけ。槍を抱えたまましゃがみ、石突を地面に付けて、穂先を突き出すように構えるだけでも敵の侵入を防ぐ効果はあったし、隣同士で、前方に突き出した槍を斜めに交わるように構えれば、動くバリケード「槍衾《やりぶすま》」が簡単にできあがる。

そうして戦場で働いているうちに、敵勢力圏に侵入できるとなると、いよいよ彼ら足軽たちにとっての〝メインイベント〟となる。楽しい楽しい「乱取り」タイムのはじまりである。要するに略奪だが、総大将から許可が出れば、好きに敵領内の食料や衣服、金目の物を奪うのだ。中には「人取り」という誘拐行為もあり、人身売買で大金を得るチャンスすらあった。捕らえたのが敵方の貴人だったりすれば、大きな恩賞も期待できる。

とはいえ、もし逆に敗走する側に回れば捕らえられる危険もあるし、そもそも不十分な武器や防具で戦地に赴いているのだから、命を落とす危険※とも背中合わせ。

戦場における勝利も敗北も、一身に背負うのが彼ら足軽たちなのである。

※命を落とす危険
全国統計ではないものの、戦死者の3割は女性だったという研究がある。女性は戦場では何かと忌避された印象があるが、戦に巻き込まれるだけではなく何らかの役割を与えられて従軍、戦死した女性も少なくなかったと思われる。

5 合戦ではどんな装備が使われた？

【何に守られ、何を手にとったのか】

●武将や足軽の姿は誤解？

戦国の合戦と聞いて、思い浮かぶ武将や雑兵の出で立ちは、どのようなものだろうか？

多くの人は、きらびやかな鎧兜や陣羽織をまとった総大将が采配を振るって大部隊を率い、足軽たちは陣笠を被って刀片手に敵に向かっていく様子を想像するはずだ。ところが、こういったイメージと実際の戦場の光景にはかなりのズレがある。

まずは防具だ。「甲冑」というと端午の節句で飾られるものが思い浮かぶ。

しかし、五月人形に多く見られるものは分類上「大鎧」※といって、平安末期から鎌倉初期にかけて、つまり源平合戦の時代に用いられていた様式なのだ。戦国時代になると甲冑は刀や槍の進化に合わせ、復古調のものを除き「当世具足」が主流となる。

「当世」とは「現代風」という意味。華美な装飾を排し、より実践的な作りとなっている

※大鎧
平安時代中期に発達した、兜・胴・袖という3つが一体となっている中世で一番本格的な甲冑。馬上での動きやすさを重視した構造になっている。日本は世界でも珍しい「武具は個人の所有物」という国だったので凝った意匠が多い。

から、戦国時代の鎧は見た目の派手さには欠ける。だから観賞用として五月人形のモデルになるようなものは、※あまりない。

「変わり兜」といって意匠が凝らされた兜については戦乱の世が去り、実用性より美術性が重んじられた結果として、江戸時代に作られたものがほとんどだ。考えてみて欲しい。戦場で、※直江兼続のものとして有名な「愛」の兜のような変わり兜を着けていたら「大将がここにいます」と発表しているようなものだ。

武将がこんな調子だから、足軽になるとより簡素な防具で身を固めていた。自前で用意しなければならないから、兜ではなく編笠や布笠を被る。「貸具足《かしぐそく》」といって、必要に応じて融通し合ったり共用している具足があれば良いほうで、背中が丸見えの「腹当て」という鎧に、弁慶の泣き所に布を巻くだけの「脚絆《きゃはん》」など、申し訳程度の武装で命のやりとりをすることも珍しくなかった。

ちなみに戦国ものの作品で、陣笠を鍋の代用品にして煮炊きするシーンがあるが、あれは戦国時代には決して見ることができないものだった。

というのも、煮炊き可能な鉄製の陣笠は江戸時代に登場するものだからだ。

実用的な「胴丸」を着用する戦国大名

※あまりない
一部、伊達政宗などモデルとして人気の武将もいるがこれらは例外だ。

※直江兼続
（1560〜1619）樋口家の生まれ。幼少から利発で上杉景勝の近習となり、長じて越後の名門・直江家を継ぐ。豊臣秀吉にも才能を買われて「豊臣」姓を賜っていた。また「関ヶ原」では西軍についたが戦後は徳川家康との和解に努め、自身の後継者に徳川家重臣・本多正信の次男を迎えた。

「長谷堂城の戦い」で長槍を持つ足軽

●刀の出番はほとんどなかった？

次は合戦で使用する武器についてだ。ドラマや映画では鉄砲や弓の斉射に続いて槍隊が前進、乱戦となると槍や刀を激しくぶつけ合うシーンが流れるが、これも事実とは異なる。

代表的な得物といえる槍は、それを使って突き合うようなことは、ほとんどなかった。

特に長柄槍ともなればバランスを保つのが精一杯な長さであり「えいやっ」と掛け声を発しながら突いて引いての前後運動をするのは、ほとんど不可能である。

ではどうやって戦うのか。前方に槍を突き出しておき、手元を軽く揺らすようにして、柄のしなりを利用して穂先を上下させる。こうして軽く振り下ろすような形で、相手の槍を叩いていたのだ。

実際に「槍は突くものではなく叩くもの」だったことは、幕末まで広く使われていた訓練法が示している。「川たたき」と呼ばれるのがそれで、川に半身が浸かるまで入り、水面と平行に持った槍を上下させて川面を叩くというのが、※槍さばきの訓練法としては定番だったのだ。

※槍さばき
つまり猪武者が頭上でグルグルと槍を回転させ、気合とともに相手に突き入れるというような攻撃法は、滅多になかったものだろう。あるとしても、相手を刺し貫くようなことはせず、穂先をしならせ相手の槍や体を叩いていたはずだ。

また、戦いといえば刀が主役のように思われているが、これも誤解だ。

確かに武士は腰にぶら下げていたが、実際に使う場面はあまりなかった。もし刀を抜くとなれば、それは槍が折れ矢が尽き、なおかつ敵がすぐそばまでやってきた――といった大ピンチのときくらいだ。

戦場での働きを「槍働き」と表現しても「刀働き」とはいわないように、実用性の面で槍や弓矢のほうが重宝されていたのだ。槍や弓矢と違って、扱うために高度な訓練を要するうえに、当たり前だが槍や弓矢を持つ相手に接近しなければならない。

越前（福井県）の朝倉家を支え続けた猛将・朝倉宗滴《そうてき》※が、「弱兵には連射が効く弓矢を、さらに弱い兵には軽い槍を」と書き残しているように、どんな者でも扱える武器が戦場では幅を利かせていたのである。しかも周知の通り、刀には錆という天敵があって耐久性※に難があった。

「川中島の戦い」における武田家長槍部隊

実際の戦場でも刀によって傷を負う者は少なく、負傷理由のトップは弓矢によるもので、刀による負傷者は槍はおろか投石をも下回るほどなのだ。刀が必要になるような非常事態になる前に、撤退してしまったことがうかがえる。

※朝倉宗滴
（1477～1555）
宗滴は入道名で名は教景。斎藤道三と合戦したこともあった（結果は敗北）。近習に生前、語っておいた信念や教訓が没後5年ほどで『朝倉宗滴話記』としてまとめられた。

※耐久性に難
室町幕府の第13代将軍・足利義輝は刺客の来襲を受けて、所蔵する名刀を片っ端から畳に突き刺した。そして刺客を次から次へと斬り倒して刀の切れ味が落ちると、取っ替え引っ替えして奮戦した。刀で集団を相手にするには無理があるということである。

戦場で出番がなかったからこそ、現代の私たちは美術館で美しい姿のままの日本刀を拝むことができる。弓矢、槍、鉄砲やそれを防ぐ甲冑は、使用頻度が高かったために消耗が激しく、後世に伝わるものが少なくなってしまったわけだ。

●うかつに食べられない携行保存食

武将や足軽たちが武具・防具以外に携行していたのが、保存食である。炊いた飯を乾燥させた「乾飯」や味噌、梅干しなどが定番※だ。

携行に便利だったのは事実だが、戦場では武将や足軽たちの敵に回ることもあった。というのも例えば「乾飯」の場合、そのまま食べたり、水で戻したりして空腹を満たしたようだが、当然お腹に優しい食べ物ではなかった。消化不良を起こして下痢に悩む者も多かったという。

また食品のはずなのに、薬品として重宝されたのが「梅干し」。何が効くと思われたのかはわからないが、傷を負うと止血剤として利用したのだ。種を取った梅肉を貼るなり塗るなりしたと思われるが、想像しただけでも傷口に染みてきそうで痛々しい。塩を塗りこむのと同じで、痛みより塩による滅菌効果を採ったということだろうか。

このように「戦場のリアル」は我々の想像とは違っていたようだが、その過酷さは想像と等しく、もしくはより苛烈なものだったのである。

※定番
乾物や水分を飛ばしたものが多かったのは防腐剤がない時代だからで、全体に塩気が強いのも腐敗防止のため。味噌をあぶった「焼き味噌」も手軽でおいしい人気の品のひとつ。

6 【最も苦しめられた意外な大名】最新兵器 鉄砲の本当の威力

●書き換えられていた伝来のシナリオ

戦国時代、日本の合戦を一変させた〝脅威の新兵器〟として評価されているのが鉄砲である。新兵器の有用性にいち早く着目した織田信長が、豊かな経済力を背景に日本に並び立つ者がない鉄砲隊を組織した、というイメージもあるし、紀伊（和歌山県）の「雑賀衆※」のように、新兵器をいち早く研究した強力な傭兵集団の存在も印象に残る。

この兵器は、歴史教科書によれば「ポルトガル人漂流者の手により日本に伝来した」ということになっていて、※1543年に種子島に漂着、とされている。当時の種子島を支配していた国人領主・種子島時尭《ときたか》は、目の前で実演されて轟音と破壊力に驚き、黄金2000両で2挺を購入した、という逸話もある。

ところが近年の研究では「鉄砲を日本にもたらしたのはポルトガル人ではなかった」と

※雑賀衆（さいかしゅう）紀伊（和歌山県）の雑賀に起居した国人集団で、後に鉄砲集団として名を馳せる。リーダーは代々、雑賀孫一を称したとされ、その末裔は水戸徳川家の家老として存続している。

※1543年　伝来年については、その前年であるとの説もあり、はっきりしない。

13～16世紀において日本近海を荒らしまわった倭寇たち

いう説が浮上している。種子島に漂着した一行は、厳密にはポルトガル人ではなく、「ポルトガル人を乗せた中国人倭寇※」だったというのだ。すでに一部の教科書はこのように書き改められている。

彼ら中国人倭寇のボス・王直は当時、東アジア全域を勢力圏として密貿易を盛んに行っていた人物だ。そのため中国地方の雄・大内家や北九州の有力大名・大友家とも交易していた。平戸などに寄港することもあり、九州はじめ海外交易に手を出している大名たちには知られた存在だったともいえる。それが暴風雨に見舞われて種子島に漂着。同乗していたポルトガル人を時尭と引き合わせたことで、鉄砲がもたらされたようなのだ。

さて、『鉄炮記』によれば、漂流者がもたらした2挺のうち1挺は、根来寺の僧に寄贈され、彼らは後に、鉄砲の職能集団「根来衆」として信長に付き従うことになる。信長が「天下布武」を標榜するころには鉄砲集団として「根来衆」と双璧を成す「雑賀衆」も技術を手に入れており、わずかながら国産品の生産がスタート。

※倭寇
字義は「日本人武装集団の海賊」だが、実際は国際色豊かで戦国時代は中国人がメイン。歴代の中国王朝が取り締まりや警備の都合から同胞ではなく日本人のせいにするために名付けた、という説もある。

また紀州のみならず流通の一大拠点だった堺や近江などに職工集団が生まれていた。

●「鉄砲」の真の実力と有効性は?

さて、その「鉄砲」は、実際に日本の合戦風景を一新するほどの革新性があったのだろうか? 別項でも触れた戦場での負傷原因は、1位は弓矢によるもので全体の4割を占める。続く2位が「鉄砲疵」だが、これが2割弱で弓矢の半分にも満たない。ほとんど同じ比率なのが槍による負傷となる。

しかし、これは鉄砲が普及する前のもの。広く使われるようになると、鉄砲による負傷は、見事1位に踊り出る。やはり有効な新兵器だったことに変わりはないようだ。

では、その実力はどのくらいのものだったのか。

火縄銃「種子島※」の有効射程は200メートルほどとされる。そして50メートルくらいに接近していれば甲冑を軽く貫くだけの破壊力があったとされている。一方の弓矢は、「通し矢」の行事で有名な京都・三十三間堂が120メートル※ほど。

これは有効射程ではなく、限界ギリギリまで伸ばした飛距離だ。殺傷力を伴う有効射程となると、およそ20〜30メートルといわれているから、殺傷力という視点では鉄砲に軍配が上がる。しかも鉄砲は、弾込めさえできれば、後は相手に銃口を向けて引き金を引くだけ。マニュアルさえ頭に入れれば、弓矢よりも取り扱いは簡単だ。

※種子島
鉄砲が伝来した場所とされる鹿児島県の大隅諸島に属する島。JAXAの種子島宇宙センターが有名だが、鹿児島県最古の遺跡も発掘されている、温故知新を地で行くような島でもある。

※120メートル
現在では半分ほどの距離になっている。

「長篠の戦い」における織田軍の鉄砲隊

しかし、当時の鉄砲には照準がなく、命中精度を上げるには訓練を要したのも事実。現在のように先端が尖った弾丸でもなければ、銃身内部に飛距離を伸ばしつつ弾道を安定させるライフリングも彫られていないから、やはりテクニックを必要とする兵器に変わりはない。

また連発銃などまだ存在せず、一発発射しては装填する必要もあった。その弾薬の装填には、おおむね20~30秒かかったといわれている。別項で紹介した裸同然の足軽であれば、30秒あれば少なくとも200メートルは走破できただろうから、場合によっては命知らずの雑兵が、装填を終えると同時に殺到してくる。敵が突進してくるのが見えれば手元にも狂いが生じるだろうし、間に合ったとして慌てて発砲しても、外れたら※一巻の終わりだ。

さらに厄介なのは、天候に大きく左右されることだ。雨が降れば火縄が湿るなどして思うように使えなくなる可能性が高い。また、発射と同時に暴発する危険もあり、いつでも十全の信頼を寄せて使える兵器だったわけではない。

革新的な※新兵器だったのは事実だが、現在における銃火器ほどの信頼は置かれておらず、あくまで補助兵器並みの扱いだったのだ。

※一巻の終わり
このような弱点があったから、当時の鉄砲隊の運用は単独ではなく、他の部隊との連携が前提だったことがわかる。

※新兵器
伊達政宗が着用した「五枚胴具足」のように、鉄砲の弾にも耐えられるほど装甲を厚くした甲冑も開発されるようになった。もっとも、この具足は鉄板を贅沢に使った結果、重過ぎて着ると身動きが取れないようなシロモノだったらしい。

●信長は「鉄砲に悩まされた」武将？

織田信長は、その新兵器・鉄砲を使いこなし、小大名から一気に畿内の雄に駆け上がったイメージがある。しかし戦歴を見れば、実は信長こそが最も鉄砲に悩まされた大名だったことがわかる。

前述した「雑賀衆」は、鉄砲を大量に保有しており、信長が一向宗と10年にわたり戦い続けた「石山合戦」※では、敵の本願寺側に1000挺もの鉄砲を用立てた。これほどの鉄砲をどこから入手したのかは不明だが、自分たちの手で職人※を育てたか、有力な刀剣や甲冑の産地から技術者を招き入れたのかもしれない。

信長は「雑賀衆」の鉄砲で武装した一向門徒に手を焼くばかりか、杉谷善住坊《すぎたにぜんじゅぼう》という狙撃手に狙われ、危うく命を落としかけている。本願寺攻めでも下間頼廉《しもまらいれん》などの優秀な指揮官に率いられた籠城軍に手を焼いている。

おかげで10年も戦争が続き、途中で荒木村重や別所長治などの謀反を招くことになり、畿内統一が大幅に遅れてしまった。

信長は鉄砲を集中的に運用して敵を蹴散らすどころか、大量の鉄砲を保有する敵に悩まされ続けていたわけだ。

※石山合戦
織田信長と抵抗する一向宗門徒が10年近くも争い続けた合戦。後に大坂城が建てられる石山という要害の地に石山本願寺があり、ここが堅牢な城塞のようになって信長を苦しめた。

※職人
鍛冶の技術は、刀鍛冶や甲冑職人であれば転用可能なものだったようだ。

7 織田信長 覇業の大誤解の数々

【比叡山延暦寺はボヤ程度？】

●「比叡山の焼き討ち」の背景

すでに「桶狭間の戦い」「長篠の戦い」における脚色を解き明かしてきたが、信長の覇業にまつわる〝大誤解〟はまだまだある。ここでは比叡山延暦寺と本願寺という、信長を苦しめた宗教勢力との戦いに焦点を当てたい。

信長の残虐な性格を伝える際によく引き合いに出されるのが、1571年の「比叡山の焼き討ち」である。比叡山は平安時代、中国留学から帰国した最澄※が開山した仏教の一大聖地である。最澄は中国で流行していた天台宗を日本流にアレンジし、「鎌倉仏教」の隆盛を導いた仏教界のヒーローといえる。

戦国時代になると、比叡山は山が丸ごと信仰の拠点となっていて、延暦寺の根本中堂を筆頭に3000を超す塔頭などが建つ巨大宗教施設であったという。比叡山が特殊なの

※最澄（さいちょう）（767?～822）唐への留学から帰国後、比叡山に登って延暦寺を開創した天台宗の開祖。死から約40年後、清和天皇から本邦初の大師号となる「伝教大師」号を賜る。

は、そういった面の他に、武装宗教勢力という顔を持っていたことだ。

歴史の要所に登場しては京都を支配する朝廷や幕府と対立し、権力者の頭を悩ませていた。戦乱の世になってもそれは変わらず、信長が上洛し京都を支配すると比叡山は「信長包囲網」に与することを選ぶ。

江戸時代、徳川家光の代で復元された比叡山延暦寺根本中堂

信長は宣教師ルイス・フロイス※を気に入るなど、仏教を絶対視しておらず、修行もせず武装し、酒色に耽る僧も多かった延暦寺を単なる「抵抗勢力」のひとつとして捉えていた。

また、比叡山が越前（福井県）の朝倉義景、近江（滋賀県）の浅井長政と連携しているのも気に食わなかった。地図にするとよくわかるが、朝倉・浅井連合を信長が美濃（岐阜県）や京都から攻める場合、琵琶湖南方から東を進めば比叡山に背後を取られ、西岸を進軍すれば比叡山が盾となり、朝倉・浅井連合に背後を衝かれる恐れが出てくる。

だから信長は比叡山に対し「我が方に味方せよ」という〝警告〟を何度も発した。ところが比叡山は、信

※ルイス・フロイス（1532～1597）ポルトガル生まれのイエズス会宣教師。日本に長く留まり、織田信長に寵遇されるなどした。著作の『日本史』は当時の日本を知る第一級史料としても知られる。

平安時代に行われた僧兵による、ものものしい強訴（強引な陳情）。

長が自ら進んで仏敵になることはないだろうと、たかをくくっていた。しかし1571年、充分な軍事力を手にした信長は、ついに比叡山に攻撃を加える。

一般的なイメージでは、信長が配下に命じて比叡山を取り囲み、片っ端から火を放ち山を丸ごと焦土にしたことになっている。

のみならず、炎をかいくぐって下山してきた者は老若男女を問わず皆殺し。「修行する場である比叡山に女がいるはずがない」と非情な宣告をして、女性を眼前で突き殺させた、などという逸話※まで伝わる。

●全山焼き討ちは誇大広告？

この虐殺行為によって比叡山は丸ごと焼け落ち、僧兵たちも全滅したというのが日本人のイメージにある「比叡山の焼き討ち」だ。この一件は信長の異常なまでの残虐性を強調することになり、一般に定着している冷酷非道な信長像の形成に大きく貢献している。

しかし、この攻撃によって比叡山が丸ごと焼け落ちたというのは、明らかに〝誇大広告〟

※逸話
信仰心の篤い明智光秀は「比叡山の焼き討ち」で信長に対し恨みを抱いたとの説もある。

である。確かに信長は放火は命じたが、全山が焼け落ちるほどのスケールではなかったのはもちろんのこと、なんと全焼したとされていた建築物が当時存在していなかったのだ。

時は流れ、1956年。延暦寺の大講堂の再建と、周囲の道路工事に併せて滋賀県が比叡山の発掘調査をおこなった。すると驚くべき事実が明らかになった。

当時関わった技師のひとり、兼安保明の報告書によると、延暦寺が「信長の焼き討ちによって焼失した」としている建物は根本中堂と大講堂だけだったことが判明したのだ。他は焼き討ちのはるか前に消失していたものがほとんどで、火災が原因とされるものは極めて少なかったようだ。

兼安は「全山数百の諸堂が紅蓮の炎に包まれ、大殺戮が繰り広げられたとするイメージを生み出すのとは打って変わった、閑散たる光景しか存在しなかったのが、現実である。このようなことは山上の放火・掃討がわずか二、三日ときわめて短期間であったことからもうかがえよう」と結論付けている。

建築物の被害も軽微なら、人的被害も怪しいものである。というのも、奈良興福寺多聞院の僧侶が140年にわたって畿内の事情を記した『多聞院日記』※という史料によれば、当時僧侶の多くは比叡山近くの坂本に移っており、そこに生活の拠点があったらしい。

つまり、未曾有の大虐殺だと考えられていた焼き討ちは、実際は閑散とした山を舞台に行われた数棟への放火行為だったということになる。

※多聞院日記
室町時代末期から江戸時代初期に書き残された、奈良興福寺の塔頭・多聞院の日記。寺院の生活のみならず世相なども記されているので史料としても貴重。

当時の大型船「安宅船」。鉄甲船はこれを鉄張りにしたものとされる

●「鉄甲船」は移動砲台だった？

比叡山と並んで信長を苦しめた宗教勢力といえば、本願寺顕如※率いる一向門徒である。信長は彼らと10年にわたって戦い続け「石山合戦」と呼ばれた。

その本拠が「石山御坊」。後に豊臣秀吉が大坂城を建てる地であり、そこへは「信長包囲網」の一角である毛利家から瀬戸内海を使って武器弾薬や兵糧が運び入れられていた。

当時の瀬戸内海は完全に毛利家が制海権を掌握しており、水軍が伊勢湾にあった信長にとって彼らと渡り合うのは容易ではなかった。

毛利水軍が得意としたのは「焙烙《ほうろく》火矢」と呼ばれる武器を使った集団戦だ。調理器具としても使われる「焙烙」に火薬を詰め、焼夷弾のように使用して敵船を炎上させるのだ。当時の船はすべて木製だから、燃えればひとたまりもない。

そこで信長が考えたのが、「ならば、燃えない船を造れ！」。命じられたのは織田水軍の中心人物、志摩（三重県）の海賊・九鬼嘉隆※。無理難題を押し付けられた嘉隆だったが、

※本願寺顕如
（1543〜1592）
父の死により11歳で本願寺住職に就いた一向宗11代法主。織田信長とは戦い抜いたが豊臣秀吉とは友好関係の維持に努め、秀吉の指示によって本願寺を大坂から京都に移転した。

※九鬼嘉隆
（1542〜1600）
志摩一帯の豪族を連合した水軍衆として織田信雄に所属。後に信長が構想する織田水軍の中心人物となり「鉄甲船」を建造。本願寺に与する毛利水軍を撃ち破る殊勲を上げた。

苦心の末に「鉄ならば火が防げる」という結論に達する。そして鉄板を前面に張り巡らせた超大型船「鉄甲船」を完成させる。攻撃を防ぐだけではなく、大砲も配備した。

この驚きの新兵器の前に、毛利水軍はなすすべもなく敗れ去った――とされている。

しかし、全面鉄張りで敵を蹂躙するなど、当時の世界でも類例がない。実際はどのような兵器だったのだろうか。『多聞院日記』『信長公記』によると、信長が鉄板を施し、大砲を備えた船を造らせたことは事実のようだ。

ただ寸法を見ると長さ約24メートル、幅は約13メートル。※当時の技術でも建造は可能であったが、あまりに横幅が大きく、航行には適さない船であることがわかる。またこれに鉄板を施し、大砲を備え、大勢の人員が乗船するとなると凄まじい重量がかかる。当時の動力は櫓と帆だけだから、これだけの〝超弩級〟艦船が動けたかというと大いに疑問だ。

つまり、「鉄甲船」の正体は巨大な「移動砲台」だったと思われる。自力での航行が難しいため、戦地には曳航されて向かうことになる。そして鉄壁の守りと、強大な火力で敵戦力を無力化する。

大活躍の「鉄甲船」だが、海戦が終わると途端に役割を終えることになる。なにせ、海に鉄を浮かべているのである。防錆技術がない時代だから潮風だけでひとたまりもないだろう。活躍したかと思えば、みるみるうちにボロボロとなり、捨てられる巨大な「移動砲台」。それが「鉄甲船」の実像だったのだ。

※当時の技術
1573年に信長の家臣・丹羽長秀が長さ約55メートル、縦およそ13メートルの大船を造ったという記録が残っており、「鉄甲船」サイズの船を建造すること自体は可能だったと推定される。

8

【元就の神算鬼謀の正体】

運が良かった「厳島の戦い」

●知将一世一代の戦い

毛利元就は織田信長や徳川家康などと並び、代表的な戦国武将として高い知名度を誇っている。とはいえ、信長とは37歳も離れていることから分かるように、他の有名武将と違い活躍した時期は戦国時代のごく初期にあたる。長生きしたために信長たちと同じ時代を過ごしてはいるが、彼らが活躍する頃にはすでに老境に差し掛かって久しかった。

その元就の一世一代の合戦といえば、謀略を駆使して圧倒的戦力差を覆した１５５５年の「厳島《いつくしま》の戦い」である。

元就一代で安芸（広島県）での領土を急拡大させた毛利家だったが、その前には中国地方のみならず九州の一部をも支配圏とする大大名・大内家が立ちはだかっていた。チャンスが巡ってきたのは１５５１年、大内家の当主・義隆が重臣の陶晴賢※のクーデターによっ

※陶晴賢（すえ　はるかた）（１５２１〜１５５５）人生の大半を「隆房」と名乗っていた。「晴賢」に改名したのは最晩年。これは主君が変わったことを示す好例で、前者は大内義「隆」、後者は大内義長の前名である大友「晴」英の偏諱を受けたもの。

て討ち取られてしまったのである。

当主を失った混乱に乗じて、元就は安芸一国を手中に収めた。晴賢は元就を討たんと、厳島神社※が鎮座する厳島の宮尾城を攻める。ところが、この陶軍の動きは元就の計画通りであり、狭い厳島に陶軍を集結させて水上から退路を断ち、一網打尽にするつもりだった。

元就の謀略は巧妙だった。陶軍を厳島に誘き寄せるため「毛利家の重臣が陶軍へ寝返ろうとしている」、元就が「厳島に陣を構えられたらおしまいだ……」と嘆いているといった偽情報※を流した。狡猾な計略を積み重ねた結果、晴賢は元就の思惑通り狭い厳島に軍勢を集め、結局毛利軍に一網打尽にされて晴賢自身も自害に追い込まれてしまった。

このように、本合戦は元就の完璧なシナリオ通りに勝利を収めた戦いとして語られる。

戦国一の“知将”として有名な毛利元就

●結局は息子頼みだった？

しかし、近年は研究が進み、決して〝知将〟元就の計画通りに進んだ合戦ではなかったということが、分かってきている。

それどころか、自身が書いた手紙では策が手詰まりとなって焦り、狼狽する弱小大名の悲哀すら漂わせているのだ。

※厳島神社
平安時代後期に安芸国一宮の地位が確立したとされ、平清盛の尊崇を集めたことから飛躍的に格式が高まった。国宝や重要文化財に指定された建造物なども多いが、台風被害にたびたびさらされることも。

※偽情報
さらに、実際に重臣に「お味方したい。ぜひ軍勢に加えてくだされ！」と申し出させることによって油断を誘ったとされる。

ではなぜ、「元就の謀略が冴え渡り、晴賢がそれに引っかかって負けた」という通説が今なおまかり通っているのだろうか？

晴賢はクーデターを起こすときに、傀儡として九州の実力者・大友宗麟※の弟を大内家の後継者として迎えた。これが大内義長だ。だから晴賢が率いる軍勢は、実質的には大内軍本隊であり、実に2万人近くの大軍を動員可能であった。

対する毛利家は6000人がやっと。まともにやりあってはとても太刀打ちできないから、味方になってくれる勢力が必要だった。元就が当てにしたのは瀬戸内海を根城に活躍する水軍衆（海賊）の村上水軍と来島水軍であった。

厳島に陶軍の主力が上陸したところで、水軍でもって完全に退路を断ち、孤立化させるシナリオだったのだ。ちなみに厳島の宮尾城は、通説では「陶軍を誘き寄せるためだけに建てた囮の城」ということになっているが、実際は安芸の毛利家本拠地を守備するための大切な前線基地であり、もっと前から存在していたことが分かっている。

ところが満足な守備兵力は割けず、陶軍はあっさりとこれを包囲。宮尾城を中継基地にされて渡海されれば、毛利家は滅亡の危機に瀕することになる。元就は焦りを隠せない。

元就の三男・隆景※は、瀬戸内海に面する土地を支配していた小早川家に養子入りしており、毛利水軍を束ねるだけではなく水軍衆との交渉役も担っていた。

その息子に元就は、「村上水軍はいつ動く？　来島水軍は味方してくれるのか？」と催

※大友宗麟（1530～1587）
宗麟は入道名で名は義鎮。キリシタン大名としても有名で洗礼名はドン・フランシスコ。日向にキリシタン王国建設を目論んだが、島津軍に大敗して挫折。豊臣秀吉の威光にすがることになった。

※小早川隆景（1533～1597）
毛利元就の三男。実子がなく弟の秀包を養子にするが、豊臣秀吉から毛利家に甥を養子に入れたいと提案されると、他家の血を本家に容れさせるのを阻止するべく代わって引き受けた。これが小早川秀秋。

促とも哀願ともつかない手紙を何通も書き送っているのだ。

「お前が水軍衆を引き連れてやって来るまで、宮尾城が持ちこたえられるかどうか……」と弱音まで吐いている。それもそのはず、目と鼻の先まで敵の大軍が迫るなか、もはや元就に残された策は水軍衆と連携した奇襲戦法以外に残されていなかったのである。

おまけに頼みの綱の来島水軍は伊予（愛媛県）北部を治める河野家※の一族であり、いわば他家の支配下にあった。助力してくれるかはまったくの未知数で、その交渉の一切は隆景に一任されていた。元就としては息子の頭脳と弁舌にすべてを託していたのだ。

厳島での水軍の攻防を描いた絵図。左に神社の鳥居が確認できる

●ギリギリのところで勝利

もしも、どの水軍衆も加勢してくれなかったら、毛利家お抱えの水軍だけで戦わなければならない。

ところが、隆景が交渉に出向いているから自前の水軍すら思うように動かせない。何事も用意周到なはずの元就だったが、このときばかりは行き当たりばったりな戦運びである。

※河野家
伊予に勢力を伸ばした戦国大名家。瀬戸内海との関係が深いことから村上水軍との連携強化を図って縁戚関係に。一方で毛利家と連携する一派もあり、これが後に家督争いの原因となる。その隙をついて攻めてきた長宗我部家に滅ぼされる。

ついには隆景に「お前だけでも早く戦場に来てくれ！」と無茶を言い出す始末。

隆景からの交渉成功の報も届かず、焦りばかりが募った元就は、動かせる手勢の水軍だけでも急行させようと決断する。そこに運良く、交渉を成功させて加勢の水軍を引き連れた隆景がやってきた！　毛利家が力を尽くしてかき集めた船は100艘程度だったようだが、来島水軍は単独でその2〜3倍の船を向かわせてくれた。

驚いたのは晴賢である。想定していた数倍の船がやってきて、片っ端から自分たちの船を沈めていくのである。彼は海に出られないことを悟り、同時に敗北を覚悟した。制海権を握られ、海上封鎖されてしまったのだ。その後の展開は前述した通り。

その後毛利家は勢力を拡大させ、名実ともに中国地方の覇者として君臨し、江戸時代も大名として生き残っていく※ことになる。そして時が経つにつれ、元就の雄飛のきっかけとなった「厳島の戦い」は、毛利家に都合の良い脚色が加えられ、英雄譚に変化していくこととなる。

「宮尾城は囮作戦のためだけに築城されたもの」という説もそうだし、ギリギリのタイミングで訪れた援軍も「計算通り」とされていく。「毛利家の重臣が寝返ろうとしている」という偽情報を流した一件については、確認できる史料が発見されていない始末だ。

つまりこの戦いは、「戦国一の知将」が謀略で完全勝利を収めたのではなく、持てる力のすべてを出し切った結果、運良く勝利を拾ったに過ぎないのである。

※生き残っていく
豊臣家と関係の深かった毛利家は「関ヶ原の戦い」で西軍の名目上の総大将として元就の孫・輝元を立てるが、敗北後は速やかに臣従し「外様大名」として警戒されながらも存続した。

9 人生逆転！ 戦国トライアウト

【戦力外通告から一転】

●手柄を立てて一発逆転

戦力外通告を受けたプロ野球選手が、球団関係者たちの前で実力を披露し、新たな契約を目指す「トライアウト」。地獄を味わった男が再起を目指す様は多くの人の共感を呼ぶが、実は戦国時代にも似たような制度があった。

戦国時代の戦場では、主君からの恩賞を目指して武将たちが手柄を求めて争うわけだが、彼らに混じって「人生一発逆転」を狙う浪人の姿もあった。浪人たちの中には、ついこの間主君から追放、つまり「戦力外通告」を受けた者も。

作戦に失敗したり、不祥事を起こして大名家を追い出された武将でも、戦場で抜群の手柄を立てれば、別家の大名やかつての主人から声がかかる※こともあったのだ。戦場に潜り込むために使われていた手法のひとつが「陣借り」。縁故者などコネクションを頼って陣

※声がかかる
意地の悪い主君だと、放逐した部下が他の大名家に仕官しないよう「奉公構」と呼ばれる措置をすることもある。

若かりし日の前田利家。美男である

中に加わるもので、人材不足から恩賞を餌に領民や知り合いが釣られることもあれば、一発逆転を目指す武将が自ら志願して加勢するケースもあった。

「陣借り」で運命を切り開き、栄達を果たした代表格は前田利家だろう。

豊臣秀吉の政権下では「五大老」※の地位に就き、徳川家康と唯一張り合う存在として重きをなした。そんな彼も若い時分は「傾奇者」として鳴らした〝尖った〟若造だった。仕えていた織田信長も似たようなセンスの持ち主で非常に馬が合い、相思相愛と言って良い主従関係を築いていた。

ところが、あろうことか信長の異母弟を、無礼な振る舞いがあったとして斬殺してしまう。利家に「信長様には気に入られているから、これくらいのことで放逐されないだろう」といった驕りがあったのは間違いない。

おまけに間が悪いことに、信長に殺害現場を目撃されてしまう。解雇どころか、その場で手討ちにされてもおかしくない不祥事だったのだ。

信長は烈火の如く怒り、大ピンチの利家だったが、織田家の重鎮・柴田勝家※や信長の信

※五大老
実際に明文化された役職ではなく、後世の創作という可能性が高い制度。豊臣秀吉の死後は秀頼を主君と仰ぎつつ、有力大名の合議によって政治が運営されるとされていたが、その最高責任者集団。

※柴田勝家
（1522？～1583）
織田家筆頭家老という晩年の地位から、家中で重きをなしてきた家柄に思われがちだが、そんなことはなく勝家は実父も判然としないほど。籠城中に飲み水を捨てて「背水の陣」を敷き、士気を高めて難局を乗り切ったことから「甕割り柴田」と呼ばれるが、一歩間違えたら「干殺し」そのもの。

頼厚い森可成ら同僚のとりなしで死罪は免れる。これが1559年。「桶狭間の戦い」の前年のことだ。追放されたとはいえ、利家は自分が仕えるべき主君は信長以外にいないと考えていた。しかも家には生まれたばかりの子供がおり、何としても家臣団に復帰しなければならなかった。「槍の又左」の異名をとるほどの武勇を誇る利家だから、手っ取り早く復帰するには戦場で大活躍することがシンプルかつ、最短距離の方法であった。

利家が「トライアウト」の場として選んだのが織田家と今川家の決戦「桶狭間の戦い」であった。無断で戦場に乗り込むと、3つの首をとる武功を上げた。織田家も大勝利を収め、晴れて帰参が叶うかと思いきや、人生そう甘くはない。信長から許しは出なかった。

利家は諦めず、翌年の「森部の戦い」でも無断参戦を敢行し、敵軍の豪傑を討ち取ってみせた。首を持参した利家に、信長はようやく復帰を認め、加増まで与えたのだった。

●あの「センゴク」もトライアウトで復帰

近年、漫画の主人公となってにわかに知名度を上昇させているのが豊臣家家中の仙石秀久だ。あの大盗賊、石川五右衛門※を捕縛したとの逸話も残る猛将だが、彼もまた〝プー太郎生活〟から脱出するために「陣借り」を活用したひとりだった。

秀久は織田家の美濃（岐阜県）攻めの時代から秀吉に従った、古参武将であった。「姉川の戦い」をはじめとした各地への転戦に参加し武功を上げた。秀吉が出世し中国地方

※石川五右衛門（?〜1594）
各種の史料を突き合わせるとようやく実在したことが浮かび上がってくるという、実はよくわからない人物。名前も外国人宣教師の日記にしか出てこないほどで国内の史料に記載はない。江戸時代の講談などで流布した印象が現在まで語り継がれている。

どん底から復活を果たした仙石秀久

攻略の一軍を任せられるようになると、秀久の領地も拡大し4000石を賜るまでになり、信長が「本能寺の変」で命を落とすと明智光秀方の勢力掃討に力を尽くした。順風満帆のキャリアが躓いたのが秀吉の九州征伐。主君の代理に相当する「軍監」という大きな役目を任された秀久だったが、「自分の到着まで籠城して時間を稼げ」との命令に違反し、軍を進めてしまうのだ。

「功績を上げれば不問に付されるだろう」という、これまた驕りが招いた行動だったが、相手は戦国最強の島津家、相手が悪かった。手玉に取られて※名だたる将を失い大敗北を喫したばかりか、勝手に戦場を離脱して領国の讃岐（香川県）に帰国してしまった。

これでは弁解の余地もない。秀吉は秀久の所領を没収し、高野山へと追放した。

すべてを失った秀久だったが、秀吉による「小田原征伐」の噂を聞きつけると心機一転、故郷の美濃に戻ると僅かな手勢を整える。そして徳川家康に面会し「汚名返上のため討ち死にする所存」と決意表明。家康軍に「陣借り」すると、※ド派手な武装で戦場を駆けた。

活躍は秀吉の耳にも届き、一気に5万石の恩賞を得て、大名に復帰してみせた。おまけに家康との仲も深めたことで、「関ヶ原の戦い」では東軍に属し、大名家として存続した。

※名だたる将
長宗我部信親、十河存保という四国を舞台に争った大名の子ども同士が仲よく討ち死になど、ある意味で時代の変化を感じさせる顔ぶれでもある。

※ド派手な武装
陣羽織のいたるところに鈴を垂らし、チリンチリンと自身の居場所を高らかに知らせる「鈴鳴り武者」として戦場に。陣羽織は死に装束を思わせる白だが日の丸を染め抜いた鮮やかなものだった。

●何度も何度も「トライアウト」に失敗した宮本武蔵

プロ野球の「トライアウト」では、再就職先が見つかる選手はほんの一握りだが、戦国時代のそれも前述したような成功談ばかりではない。受けても受けても手柄を立てられなかった武将もいた。

実はあの大剣豪・宮本武蔵もそのひとりである。剣術指南役としては各地の大名家に誘われるものの、どういうわけか戦場に出るとことごとく無駄足だった。「関ヶ原の戦い」では「陣借り」して参戦するも、自軍の宇喜多秀家が敗走してしまい、仕官どころの騒ぎではなかった。以降、江戸幕府が成立し全国から戦場が消えていくなか、最後のチャンス※とばかりに「大坂の陣」に水野勝成の配下として参加するも、武功を立てられなかった。

その後は本多忠刻《ただとき》のもとで都市計画や寺院内の庭の設計などに従事しているから、結果的に「戦場で活躍した武将」として仕官する夢は最後まで叶わなかった。

しかし、話はこれで終わらない。戦乱の世が去って久しい1637年、長崎で「島原の乱」が勃発すると、何と戦場にはまたしても武蔵の姿があったのだ。

今度は「陣借り」ではなく、仕えていた小笠原家の武将として出陣。ところが、57歳になっていた武蔵は農民の投石によってあえなく負傷……。

大剣豪もよくよく戦場での手柄と縁がなかったらしい。

※最後のチャンス
天下の趨勢が徳川家に傾くなか、豊臣家側に付いた武将たちはいわば、全員が「トライアウト組」と言っても良い面々だった。真田幸村（信繁）もそのひとりだった。

第二章

戦国大名 天下獲り戦略の内幕

10 大名が一番苦労した「一国統一」

【足元を固めるのにてんてこまい】

〝お膝元〟に最も苦労した

戦国時代は、各地の大名家に生まれた群雄が、支配する領土を拡大するためにしのぎを削ったという印象が強い。すなわち織田家なら、尾張（愛知県）、武田家なら甲斐（山梨県）、島津家なら薩摩（鹿児島県）という具合に。彼らがお互いに自国を飛び出し、陣取り合戦を繰り広げていたと想像する方が多いだろう。

ところが、大大名と呼ばれる武将でも、いくつもの国にわたって自分の領地を拡げたような者はほとんどいなかった。中国地方から九州をもうかがう姿勢を見せた大内家や、信濃（長野県）全域まで勢力を拡大した武田家、死の直前の織田信長※などは例外中の例外であり、ほとんどは1～2ヶ国に影響力を発揮するのに精一杯だったのだ。

なぜかといえば、戦国大名が最も苦労したのが〝お膝元〟一国の統一と支配だったから

※死の直前の織田信長
「本能寺の変」直前の信長にとって、残すは中国、四国、九州地方と、関東以東のみ。まさに全国統一目前であった。

だ。特に権力基盤が脆弱だった「成り上がり者」や、逆に没落して久しかった旧家は自国の統一に並々ならぬ時間と労力を費やしているケースが多い。有力な大名家や武将を例にとり、その事実を解説していこう。

●尾張の片隅にいた織田家

例えば戦国の覇者・信長。彼の家は尾張の「守護代」織田家の庶流で父・信秀※の代では「守護代」清須織田家の家来でしかなかった。国の統一など夢のまた夢だったが、信長にとって幸いなことに、信秀は「守護代」に取って代わろうという大変な野心家だった。

しかし、尾張の「守護代」になったとしても支配できるのは、国の半分がやっと。尾張にはもうひとり「守護代」がおり、別の織田家が世襲して、国の残り半分を統べていた。

父・信秀のもとで初陣を迎えた信長の姿

つまり尾張を統一しようとすれば、直属の上司である清須織田家を潰し、もう半分を支配する岩倉織田家を滅ぼし、さらに「守護代」の上司である「守護」の斯波家も倒さなければならない。

三河（愛知県）にまで影響力を拡大していた今川家や、北の美濃（岐阜県）斎藤氏とも激しく

※織田信秀（1510～1551）
尾張国出身。信定の子で、信長の父。「弾正忠」と自称し、のち「備後守」と改める。尾張内で徐々に勢力を伸ばし、今川義元、斎藤道三ら周辺の有力大名と互角の戦いを繰り広げた。道三とはその娘を信長に娶せることで和睦、息子の雄飛のお膳立てをして死去。

戦った信秀だが、肝心の領有範囲は本拠地の那古野を中心とする南東部分に過ぎず、地方豪族の域を出るものではなかった。

そんな父の死を受けて家督を継いだ信長の代になると、その隙を突かんと清須・岩倉両織田家が攻めかかってくる。信長は父が遺した優秀な家臣団や軍事力を活用し、まずは尾張の半分を制覇。北の斎藤家で道三が死に、義龍が後を継ぐと岩倉織田家がこれと連携する。これらを打ち滅ぼして、やっと尾張を統一したのが1558年。この時点でなんと、※家督相続から10年を費やしている。

●一国の統一に苦しむ各地の名将たち

信長と違い、恵まれていたのが「甲斐の虎」武田信玄である。彼の場合、甲斐一国の統一は、父・信虎の代で完了していた。その信虎を追放して、大名として出発した信玄だったがそこから破竹の進撃とはならなかった。信濃（長野県）の豪族たちに手間取り、特に村上義清には2度にわたって完敗。

ようやく信濃統一が見えてきたところで、上杉謙信が南下してくるから領土拡大は遅々として進まなかった。それでも「桶狭間の戦い」で没落した今川家の駿河（静岡県）を電撃的に掠め取るなど、大名の中では領土を拡げられた方である。

ライバルの謙信にしても、越後（新潟県）の統一には散々に苦労した。父・為景の代で

※家督相続から10年
そこから美濃を併呑したのが1567年、稲葉山を「岐阜」と改名して本拠としたのがその翌年だから、ここまでも再び10年を費やしている。次に近江を攻め取るが、これもほぼ全域を掌握するのに10年近くかかったから、信長ですら領土拡張は容易ではなかったのだ。

一国の大半は領有していたものの、なかなか各地の豪族が謙信に付いてこず、「もう知らん！」とばかりに〝家出〟して高野山に引っ込んでしまったことすらあった。度重なる関東や信濃への出兵も、彼の正義感の発露としての戦いが多く、領土拡大には繋がらなかった。逆に考えれば、信玄と謙信が川中島で戦力を浪費していなければ、この辺りはもう少し違った勢力図を見せていたかもしれない。

「国の統一」の難しさを逆説的に証明してくれる武将は、常陸（茨城県）の小田家だろう。かつては鎌倉幕府に奉公する御家人の中にあって「関東八屋形」のひとつに数えられた関東屈指の名門だが、戦国後期の当主・氏治のころには常陸南部を統べるのがやっとの小規模大名に成り下がっていた。

甲斐を統一するも追放された武田信虎

彼と対立するのは常陸北部を本拠地とする佐竹家で、お互いに同盟相手と連携しつつ、相手を滅ぼす機会をうかがっていた。ところが佐竹家は代々、有能な当主[※]を輩出。一門や配下にも優秀な人材が多かったことから、常に氏治は劣勢に立たされていた。

おかげで彼は何度も居城を明け渡す屈辱を味わっているのだが、面白いのはここから。

※有能な当主
18代目当主の佐竹義重は、一度に7人を斬り伏せたことがあるという豪の者であり、19代目の義宣は豊臣秀吉や徳川家康から厚く信頼された名将。のちに出羽（秋田県）に転封された際に、常陸中の美人を引き連れていったため「秋田美人」が生まれたという都市伝説も作っている。

彼は一度滅ぼされても不死鳥[※]の如く復活し、城の奪回を繰り返すのだ。こうして滅亡しかけては蘇るという生活を送り続けること30年あまり。つまり氏治がいるだけで、常陸は統一される機会を得られなかったのだ。

●統一してしまえば雄飛の機会も

このように国の統一にてこずる大名家は数多く、のちに明治維新の原動力となる薩摩藩を立藩する島津家も、薩摩統一のために一族間の争いを治めるのに苦労したし、「関東の支配者」のイメージが強い北条家も伊豆半島を支配してから相模（神奈川県）を統一するのに代を跨いでいる。

しかし、佐竹家における小田家のような〝獅子身中の虫〟を滅ぼし、丸々一国を自分の領土としてしまえば、その後は加速度的に支配地域を広げていく例も多い。「独眼竜」伊達政宗や、四国に覇を唱えた長宗我部元親が好例だ。つまり「一国の統一」という一大事業は、歴史に名を刻む有力大名になるための試金石として、武将たちの前にたちはだかった「難関試験」だったのだ。

※不死鳥
氏治の不死身ぶりは佐竹家の当主たちも高く評価しており、宿敵だった佐竹義昭は、上杉謙信に宛てた書状の中で「小田家は鎌倉時代以来の名家で氏治も優れた武将だ。家臣も優秀だ」と褒めている。

11 【長宗我部元親の盲点】制度疲労を起こした「一領具足」

●画期的な軍事制度「一領具足」とは？

現在の高知県は、戦国時代は土佐国と呼ばれていた。この国の一角を占めるに過ぎなかった小土豪から、一代で土佐一国を統一するだけではなく四国全土に覇を唱えんとしたのが長宗我部《ちょうそかべ》元親《もとちか》である。

色白でおとなしかったことから「姫若子《ひめわこ》」と呼ばれ将来を危ぶまれたものの、いったん初陣を飾るや「土佐の出来人」と賞賛されるまでに雄飛。「本能寺の変」直前まで四国進出を目論んでいた信長からは※「鳥無き島の蝙蝠《こうもり》」と揶揄されたが、彼が横死するとその間隙を縫うようにして四国統一を一気に押し進めた。

最後は天下統一を目前とした豊臣秀吉の軍団に下ったものの、戦国史に名前を留める大名のひとりであることは疑いがない。

※鳥無き島の蝙蝠
コウモリは鳥に似ていて鳥ではない。元親は、畿内などで勢力争いをする有力大名を「鳥」としたら、有力者がいない四国で幅を利かせる「コウモリ」のようなものだとして、信長が揶揄した表現。

四国の統一を成し遂げた長宗我部元親

小土豪の長宗我部家が四国を席巻できた理由として有名なのが、元親の父・国親発案とされる「一領具足《いちりょうぐそく》」という独自の軍事制度だ。戦国時代は、一部の大名を除き一年中軍事行動に従事する、現代でいう「軍隊」を備えることが珍しかった。兵士と農民の区別が曖昧な、いわば「兵農未分離」※が当たり前だったのだ。

足軽について述べた項でも書いたが、大名は合戦となって兵士が必要になると、家臣である各地域の領主に農作物の収穫量や支配面積などを基準として「軍役」をかける。例えば「一石あたり3人」といったルールが課せられて、それに応じて集められた人員でもって軍団が構成されることになる。

動員されるのは多くが農民だから、彼らは「普段は農民で非常時に兵士になる」制度だといえる。そして彼らは武具などは自前で調達する必要があった。

一方の「一領具足」は、形式上は長宗我部家の家臣たちだ。他の大名家が家臣を通じて領民を動員するのと違い、普段は田畑を耕作している家臣たちが、動員をかけられると駆けつけるのだ。

もっとも、城に出仕して主君の側近くに仕えるような高級家臣たちとは身分に隔たりが

※兵農未分離
対して、織田信長は城下町に軍事行動に専念できる家臣を集住させ、農民が忙しい時期にも大規模な遠征が可能だったとされる。もっとも信長こそ政権末期まで「兵法末分離」を解消できなかったとする真逆の主張もなされている。

あった。

日ごろは農作業に従事し、動員されると兵士に早変わりするという点から「屯田兵」に比されることも多い制度だ。どうしてこのような制度ができたのだろうか？

　これには土佐の国内情勢と元親の統一事業が大きく関連している。以前から土佐には「土佐七雄」と称される、実力が伯仲する豪族たちがひしめいていた。長宗我部家や、後に元親の弟・親泰※が養子入りする香宗我部家などもそこに含まれている。

　さらに戦国時代になると、「応仁の乱」で混乱する都から逃れてきた公家の一条家が土着し、戦国大名化しつつあった。このように有力勢力が集中しているから、どこかが滅びると浪人が大量発生することになる。

　そこに元親が登場し、あれよあれよという間に周辺豪族を打ち破り、短期間で統一事業を進めていくのだから、土佐に浪人が溢れ返ることになる。そこかしこに抵抗勢力を抱えることになるから、いつ反乱を起こされてもおかしくない。元親としては有事になってからのんびり兵士を徴用していては、不測の事態に即座に対応できなくなってしまうので、すぐに駆けつけられる「現地駐屯兵」が求められた。

　元親は父の代に原形があった「一領具足」を本格化させる必要に迫られたのである。こうして国中に長宗我部家の直臣が点在することになり、迅速な軍事行動と反乱の抑制が可能になったのである。

※香宗我部親泰
（1543〜1593）
香宗我部家は長宗我部家と同格の「土佐七雄」のひとつ。元親の弟で国親の三男・親泰が養子入りして家督継承。これは「毛利両川」に似たポジションで、主に外交面を担当し、同じく「土佐七雄」の吉良家を継いだ次兄・親貞と一緒に兄の右腕として活躍する。

「一領具足」の兵士たちは、たとえ農作業中でも傍らに簡単な武具を備えておくことが義務付けられていた。※半分だけ武装解除をしたような状態で日常生活を送らせているのだ。

これによって、長宗我部家は本拠地の外に遠征することも可能になった。国許に常備軍がいるようなものだから、遠征中の治安維持を彼らに任せられるという利点もあった。こうして長宗我部家の本隊は、後顧の憂いを断って四国攻略にまい進することができるようになった。「一領具足」はシステムとしての整備も進められた。

基本的には地域別に編成され、日頃はルールに定められた各種の義務を果たす一方で、戦になれば決められたリーダーの指揮下に入ることが求められた。画期的だっただけではなく、制度としての完成度も上がっていったのだ。

●やがて露見した重大な欠陥

しかし、土佐の国情によく合っていた「一領具足」という制度は、「長宗我部家の飛躍的な発展」というメリットを与える一方で「土佐国内の荒廃」というデメリットをもたらした。なぜか。

他国では、ルールに定められた軍役によって、ひとつ村から常に一定の人数しか徴集されない。その人数は、村の生産力の低下を招かない範囲に収まるよう、絶妙に計算されたものだ。なにせ、村々は武具を備えているから、無茶をすればたちまち一揆が起きてしま

※半分だけ武装解除
具足はひと揃いで一領というが、正規の武士は予備を含め二領の具足を持つが、半農半兵の「一領具足」は1セットしか具足を持っていないので「一領具足」と呼ばれたという。

う。つまり、動員される上限値が決まっている制度ともいえる。

だから戦争が長引いても、極端に農村が人手不足に陥ることは避けられていた。

しかし「一領具足」では、課役されている農民（＝直臣）が総出で出陣してしまうから、常に出陣する人数と農作業に従事する人数が反比例することになる。つまり領民の中で「一領具足」の要員が占める割合が大きくなればなるほど、農村の人手不足を招くという〝欠陥〟があった。こちらは徴兵の上限値がないに等しいからだ。

四国統一事業が進むにつれて必要となる兵士数も増えるから、放置されて荒れ果てた田畑が、時間とともに目立つようになるのだ。しかも、他家と同じく家臣が要求される軍役も「一領具足」以外に加わるから、ただでさえ農業従事者が少なくなった村落から、追い打ちを掛けるように人手を徴用するケースもあったに違いない。

このように近代の「国民皆兵」に発想が近く、「屯田兵」のはしりとされて評価が高い「一領具足」だが、しだいに制度疲労を起こし始める。大きく破綻を見せなかったのは、元親の遠征範囲が四国に留まっていたからだろう。

四国統一目前のところで秀吉の支配下に入ったから、制度の欠陥が露見する前に長宗我部家はいち大名家※に戻ったのだ。残ったのは「一領具足」の良い評判のみ。元親がもっと早く四国統一を完成させ、瀬戸内海を渡るようなことになっていれば、「遠征で国を滅ぼした極悪大名」と後世に悪名を残したかもしれない。

※いち大名家
長宗我部家は豊臣政権下で土佐一国を安堵されるものの、「関ヶ原の戦い」で元親の跡継ぎ・盛親が西軍に付いたために改易された。彼が「大阪夏の陣」で戦死してしまったため滅亡した。代わりに土佐は山内家が治めた。

12 三河武士は忠義の塊だったのか？

【鉄壁の結束は綻びだらけ】

●家臣に殺される徳川家当主たち

戦国時代は、徳川家が江戸幕府を樹立したことによって完全な終結を迎えたが、その偉業を陰ながら支えたのが「三河武士」と呼ばれる譜代の家臣たちである。

一般に彼らは、愚直なまでの忠義に燃える家臣団であり、彼らと家康との間には強固な絆があって、裏切りが横行する戦国の世にあっても一貫して主君を支え続けたとされる。

例えば、※本多忠勝や榊原康政など主君の元服と時を同じくして従い、股肱の臣として戦場を駆けまわった将もいれば、派手な武功には乏しくとも、不遇の時代から家康を支えた平岩親吉のような宿将もいる。

なるほど、確かに「三河武士」は、家康の天下獲りに欠かせない存在だった。

しかし、本当に彼らは一致結束した「忠義の塊」だったのだろうか？

※本多忠勝（1548～1610）通称は「平八郎」。「旗本先手役」という命がけながら名誉ある側近ポジションを得て、初陣以来50回以上の戦陣に立つが、かすり傷ひとつ負わなかったスゴ腕の武将。得物は長い柄が特徴の名槍「蜻蛉切」。体力が落ちたと自覚した晩年は柄を短く切ったという合理性もあった。

まず注目すべきは、家康の父と祖父の最期である。祖父の清康は松平家中興の祖というべき人物で、三河（愛知県）の小土豪に過ぎなかった松平家を、一躍今川家らと争うまでに発展させた。ところが織田信長の父・信秀との争いの最中、「三河武士」の家臣の裏切りによって殺されてしまうのだ。後を継いだ広忠は若く、家中は大混乱。

ひとまず今川義元に恭順の意を示すため、大事な跡取りの竹千代（家康）を人質に出すことになるのが、送迎役のこれまた「三河武士」が織田家に金で竹千代を売り払ってしまう。義元の計らいで織田家との取り引きが成立し、竹千代は人質交換で今川家に入るが、今度は当主の広忠が「三河武士」の子に刺殺されてしまうのだ。

余談ながら、清康も広忠も伊勢（三重県）の刀工・村正※の作刀で殺害されたとの逸話が伝わっており、後年家康までも村正の刀で傷を負ったため、江戸時代には村正といえば「妖刀」として知られるようになる。

譜代の精鋭「十六神将」が集結した絵画

ここまでの松平家の歩みを見るに、忠烈なる「三河武士」に助けられるどころか、彼らの度重なる裏切りによって当主は次々に殺され、跡取りは人身売買で売り飛ばされている。

これが家康の代で、どうなるのだろうか。

※村正
伊勢国桑名を本拠にした刀工の名前だが、代々受け継がれた「商号」のようなものらしい。本文で記した「妖刀伝説」ほか、さまざまな村正にまつわる話は、ほとんどが江戸時代の創作。

●「三河武士」に裏切られ、切り捨てる家康

人質として、ただひとり今川家に残された家康は、義元の娘を娶り名実ともに織田家からの〝盾〟となって今川家に尽くす苦難の時代を過ごす。きっと忠烈なる「三河武士」たちは、そんな主君を見て、今度こそ固く忠義を誓ったはずだ。

「桶狭間の戦い」によって義元が討ち取られると、家康は好機とばかりに独立を果たす。その後、信長と「清須同盟」を結び、信長の覇業を助けつつ力を蓄えることになるのだが、この間の三河武士が鉄の結束でもって家康を支えていたのかというと、どうも怪しい。

1563年、三河において蓮如[※]の孫にあたる一向宗の僧侶・空誓が中心となり、大規模な一向一揆を起こす。この騒乱は「三河一向一揆」と呼ばれ半年間も続くのだが、なんとこの門徒の側に大勢の「三河武士」が加わったのである。

代表的なところでは、家康の知恵袋として長年仕える本多正信や、徳川家の忠臣の中でも最も優れた16人「徳川十六神将」のひとり蜂屋貞次、服部半蔵と並び「槍半蔵」と称された渡辺守綱、夏目吉信などだ。

家中の名だたる「三河武士」が一揆側に回ったことで、家康は大苦戦を強いられる。俗に家康の生涯には「三大危機」があったとされるが、「三河一向一揆」は武田信玄に野戦で壊滅的な敗北を喫した「三方ヶ原の戦い」や信長横死後に命からがら領地に逃げ帰った「伊賀越え」と並び、3つのうちのひとつに数えられている。

※蓮如
（1415～1499）「本願寺中興の祖」とされる本願寺8代目住職。蓮如の時代の本願寺は、浄土真宗の中でもランクが低い末寺のひとつだった。彼の手腕で庶民中心に信仰が広まり、一大勢力に成長する礎が築かれた。

なんとか一揆の鎮圧に成功した家康は、戦後に帰参した「三河武士」たちを許し再び家臣団に加えた。本多正信などは、この主君の寛大な心に感激し、生涯忠誠を尽くすことになる。しかし、これは家康と「三河武士」たちの信頼関係から来る寛大な処置というより、家臣団の半分が敵に回ってしまった状況下で粛清を断行すれば、著しく国力が低下してしまい、一国の維持も難しくなることから家康が下した、苦渋の決断と言うべきだろう。

徳川家家臣を二分した「三河一向一揆」の騒乱の様子

二代にわたって当主に仇をなし、家康にも一揆の味方をして牙を剥く。「徳川四天王」[※]に代表される忠臣たちも「三河武士」なら、彼らもまた紛れもない「三河武士」なのである。

家康の寛大な処置によって、再びひとつにまとまった徳川家家中。やがて信長が「本能寺の変」で斃れると、豊臣秀吉の時代がやってくる。

天下人から徳川家が警戒されるなか、今度こそ「三河武士」たちは結束して家康を支えなければならない時である。

ところが、である。

※徳川四天王
江戸時代に入って顕彰されるようになった、徳川家康の天下取りを強力にサポートした重臣。酒井忠次、本多忠勝、榊原康政、井伊直政の４人を指す。

●股肱の臣の突然の裏切り

石川数正という武将がいる。家康が今川家の人質になった時から側近く仕え、絶大な信頼を得ていた「三河武士」である。数正は重臣として合戦の先頭に立ったり、織田家との外交責任者を務めたりと軍政両面で徳川家に欠かせない存在であり、１５６９年からは西三河の諸将を率いる地位にあった。

ところが、その数正は家康が秀吉と争った「小牧長久手の戦い」※からほどなくして、あっさりと家康を裏切り秀吉の配下になってしまうのである。家康の動揺は大きかった。徳川家の内情を知り尽くしている重臣の流出は存続の危機に直結するし、何より人質時代から苦労を共にした男に逃げられてしまったのだから。

家康は大慌てで家中の軍制を変更し、機密流出の被害を最小限にとどめた。

数正が裏切った理由については諸説ある。単純に秀吉が提示した恩賞が魅力的だったから、その人柄に惚れたから、家中の政争に敗れたから……。武将の引き抜きにはよくある理由ばかりである。

もちろん家中には挙げたような家臣ばかりではなく、家康を守って命を落とした武将もいるし、信長や秀吉に誘われても断固拒否した忠勇の士もいる。つまり「忠臣もいれば奸臣もいる」というのは、どこの大名家も同じであり、「三河武士」も決して例外ではなかったのである。

※小牧長久手の戦い
１５８４年に勃発した、唯一の豊臣秀吉・徳川家康直接対決が実現した合戦。戦術的には家康勝利、戦略的・外交的には秀吉勝利とされる場合が多い。

13 【右も左も親戚ばかり】伊達家脅威の縁戚ネットワーク

●子宝はすべて「政略」に有効活用

戦国時代の東北地方を代表する名門といえば、多くの人が「伊達家」と答えるだろう。「遅れてきた英雄」との評価も根強い「独眼竜」こと政宗※が東北地方に覇を唱えたことによって、伊達家は戦国末期に全盛期を迎えている。

戦国時代の奥州は、全国でも珍しく群雄割拠の状態が最後まで続いていた地域だ。伊達家が優勢になったのも政宗が登場して以降であり、それまでは米沢周りの本拠地一帯を維持するのが精一杯であった。

周りを見回すと、すぐ隣に伊達家と並ぶ名門として名を馳せた大崎家や平氏一門の葛西家や相馬家、二階堂家や白河結城家に岩城家、はたまた最上家や蘆名家など名門揃い。

少し北上すれば名門中の名門といえる斯波家がおり、広大な領域を支配する南部家など

※伊達政宗（1567～1636）伊達家の17代目当主。「中興の祖」とされる8代目にあやかって同名を用いたという説もある。晩年は、戦国の気風に強く憧れる徳川3代将軍・家光お気に入りの老人として、招かれては武勇伝を語る生活を送った。トレードマークの眼帯は後世の創作。

婚姻外交を展開した伊達稙宗

も存在する。田村家や石川家といった、小勢力ながら侮り難い家も数多かった。

有力な大名家が密集するなかで、伊達家が採った政治戦略こそ「政略結婚」の連発だ。男の子だろうと女の子だろうと、産まれてきた子は次から次へと政略に用いるという、徹底したものだった。

しかもこの戦略は子宝に恵まれた第14代当主の稙宗《たねむね》と、その嫡男・晴宗《はるむね》の間で受け継がれており、彼ら2代で築き上げた「縁戚ネットワーク」は奥州の大半を飲み込まんばかりの巨大なスケールとなった。伊達家を結節点として「そういえばあの家も身内の身内だな」といった関係がゴロゴロしていたのだ。

まずは稙宗の子どもたち。娘たちはそれぞれ蘆名盛氏※や田村隆顕、二階堂輝行といった直接伊達家の脅威となる近隣の大名に嫁いだ。

驚くべきことに、相馬家には顕胤だけではなくその孫・義胤にも稙宗の娘が輿入れしているのだ。

一方で晴宗の嫁には岩城重隆の娘を迎え、息子のひとりは伊達家と並ぶ名門・大崎家に、もうひとりを跡取り問題に悩んでいた伊達家の庶流・亘理家（最初の養子・綱宗が早世す

※蘆名盛氏
ちなみに稙宗の正室は蘆名盛高の娘であり、盛高の孫が盛氏である。ほかに重臣・懸田俊宗にも娘を嫁がせている。

ると弟の元宗を送り込んだ！）に養子として送り込む。

続いて晴宗の子どもたち。蘆名盛氏の嫡男・盛興や常陸の雄・佐竹義重、それに二階堂輝行の嫡男・盛義に娘を送り出す一方で、岩城重隆の跡取りとして親隆を養子入りさせ、その嫁として佐竹義重の妹を迎える。

さらに嫡男・輝宗※の正室には最上家の姫を迎え入れた。そして晴宗も父にならい、重臣・小梁川盛宗に娘を輿入れすることを忘れない。また11人の子宝を存分に活用して、近隣の有力土豪の石川家や国分家、長く伊達家と縁戚関係にあった留守家などに養子として送り込む。

これだけでも満腹という感じなのに、輝宗の嫡男・政宗の正室には田村隆顕の孫にあたる愛姫を。そして政宗のいとこにあたる岩城常隆は、蘆名盛氏の娘を嫁にしている。もはや誰も、正確な家系図を書けなかったに違いない。

伊達政宗の祖父にあたる晴宗

●「網の目」が裏目に出る

このように奥州一円の大名をことごとく親戚にしてしまった伊達家だが、なんとこの「縁戚ネットワーク」を巡って、奥州全体を巻き込む大戦乱

※伊達輝宗（1544〜1585）
政宗の父。片倉景綱や伊達成実といった政宗を支える股肱の重臣は、深謀遠慮から輝宗が早くから政宗につけていた人物。二本松畠山氏との合戦で人質に取られ、政宗の指示で敵もろとも鉄砲に撃ち抜かれて戦死。

を起こしてしまうのだ。

きっかけは稙宗が息子・実元を越後守護の上杉家に養子として送り込もうと考えたことだった。伊達家は、歴代当主の名前が示すように、幕府とのつながりを重んじる家だった。稙宗も晴宗も輝宗も、それぞれ将軍（足利義稙・義晴・義輝）からの偏諱によって、名を改めているのだ。稙宗の父・尚宗も義尚からの偏諱を受けたものだ。

その幕府において重職を担う上杉家から「養子が欲しい」との依頼が舞い込んだのだから、稙宗が喜ばないはずがない。※

ところが晴宗はこれに猛反対。有力な一門が抜けては国力の低下に繋がる。さらに実元には晴宗の娘、つまり実元にとっての姪っ子が嫁いでいたのも反対した理由である。

晴宗は実力行使に打って出て、稙宗を幽閉して強制的に隠居させてしまう。しかし稙宗を慕う重臣が、幽閉先から稙宗を救出。伊達家は稙宗派と晴宗派に分裂してしまった。

この「お家騒動」が伊達家の内輪揉めだけで済まなかったことは、言うまでもない。親子はそれぞれの「縁戚ネットワーク」を駆使して、周辺の大名や豪族に働きかけて多数派工作を進める。親戚に声をかけられれば、周りも応じざるを得ない。

やがて両勢力は武力衝突に至り、奥州全体を巻き込む「天文の大乱」が幕を開ける。平和的な外交政策であったはずの作戦が、結果として戦いの火の粉を拡散させる結果になったという本末転倒な話だが、なんとか将軍・義輝の仲裁によって終結を見た。

※喜ばないはずがない　さらに越後上杉家は、稙宗にとって母の実家だった。つまり何も縁がない家同士ではなかった。

新当主には晴宗が就き、稙宗は隠居することになった。こうして再び奥州は伊達家を巡る「縁戚ネットワーク」が機能し、大乱のない時代が続くのだが、「真打ち」の登場でネットワークは木っ端微塵に破壊されることになる。

輝宗の跡を継いだ政宗は領土拡張の野望に燃え、母の実家であるはずの最上家と対立するばかりか、蘆名盛氏や佐竹義重など、縁が深く、しかも名だたる名門大名に果敢に戦を仕掛けたのだ。

戦国の覇者、織田信長は既にこの世になく、時代は豊臣秀吉の治世が始まろうとしていた。しかし政宗は秀吉の抗争停止勧告「惣無事令」を無視して、かつてネットワークで繋がった二階堂家などを滅ぼしていく。1590年、ようやく諦めた政宗は小田原攻めの真っ最中だった秀吉に投降するのだが、政宗に子供が少なかった※こともあって、伊達家の「縁戚ネットワーク」は二度と復活することはなかったのである。

※子供が少なかった
唯一、政宗の娘・五郎八姫を将軍家との橋渡しにと徳川家康の6男・忠輝に嫁がせたはいいが、忠輝本人が改易されてしまい、かえって苦境に追い込まれた。

14

【無敵の軍神の意外な一面】

上杉謙信は財テク上手だった！

●「義の武神」は内政も上手い

「越後の龍」こと上杉謙信。説明も不要な戦国時代を代表するスーパースターである。

戦いの神である「毘沙門天※」の生まれ変わりを自称し、その頭文字である「毘」の一字を大書した旗印を翻して正義のために戦い続けた。特に「甲斐の虎」武田信玄とはお互いの実力を認め合うライバル同士で、幾度も川中島で激闘を繰り広げた。

そんな彼だから、「戦上手で戦争に明け暮れた武将」というイメージが先行しがちだ。

確かに5度にわたる「川中島の戦い」をはじめとした信玄との死闘や、関東の北条家との激しい抗争、越中（富山県）への侵攻、一向一揆の鎮圧、織田信長の迎撃など生涯を通じて〝合戦漬け〟ではあった。

しかし、実は謙信は軍政面だけではなく、財政・内政面でも力を発揮した武将だった。

※毘沙門天
四天王・十二天の一。須弥山中腹の北側に住み、夜叉を率いて北方を守護する神。日本では福や財をもたらす神としても信仰される。七福神のひとり。

わかりやすい例としては、有名な「敵に塩を送る」という故事が挙げられる。

一般的には、海を持たない内陸国家にあった甲斐（山梨県）の信玄が塩の輸入ルートを断たれ窮地に陥っていたところを、遠大な海岸を持ち塩の産出には困らない越後（新潟県）の謙信が「武士の情け」で救った〝美談〟として語り継がれている。

ところが現実はそんな甘いものではなかった。

現代でもいえることだが「需要と供給の関係」で、何かの物資が不足することで稀少性が上がり、値段は高騰する。つまり甲斐で塩が貴重なものとなれば、高額で取引されることになる。

浮世絵師・月岡芳年が描いた上杉謙信

これを絶好の〝商機〟と捉えた謙信が、高値で塩を輸出※した、という話だったのだ。

ライバルの窮地を救うどころか、それにつけ込んで荒稼ぎを狙ったのである。

もっとも、当時の武田家は駿河（静岡県）の今川家や相模（神奈川県）の北条家から塩の輸出を止められても、すぐさま国内の塩が枯渇するような状況ではなく、友好関係にあった織田家からも輸入できたようで、多少の不便を我慢すればいいだけだったようだが。

※輸出した
つまり「塩を送った」というよりも、「北条家や今川家に付き合って輸出ルートを止めなかった」といえる。

●金山経営でウハウハ

さて、謙信が君臨した越後は前述したような小遣い稼ぎをするまでもなく、潤沢で安定した資金源があった。ひとつには、領内各地に点在していた金山である。有名な佐渡金山を手に入れたのは謙信の次の代だったが、鉱脈をいくつも抱えていたからまともに領国経営をしていれば資金難の心配はいらなかった。もっとも謙信は幕府の役職「関東管領」※の使命を果たすことにやっきになっており、農閑期や雪解けの時期には出兵を繰り返していたから、盤石な経営とはいかなかったようだ。

そのためか謙信は、国内で豊富に採集できる青苧で麻布を生産することを奨励し、「上質な布を作れ」とわざわざ指示を出している。付加価値を加えることで「越後上布」というブランド品に仕立て上げ、これを京都などで売りさばいたのだ。さらに自由に生産させず国家の専売品として統制を加える徹底ぶり。

謙信は「関東管領」への強い思い入れからもわかるように、足利幕府とのつながりを重視していた。将軍に謁見するために、わざわざ上洛していたほどだ。京都との強い接点があったから、朝廷や公家とも親しく交わった。

実は、上洛したもうひとつの目的は「越後上布」や越後産の砂金などを京都で〝トップセールス〟するためだったという説がある。大名自ら「これは良い品ですよ」と売り込むのだから、効果は抜群だっただろう。謙信は日頃から公家たちに経済支援をしていたから、

※関東管領
室町時代最初期は京都の将軍に代わって関東を統括するトップの意味があった役職。将軍家の分家である「関東公方」が成立して以降、それを支える関東ナンバーツーとして定着。基本的に山内上杉氏が世襲した。

彼らが広告塔として助けたことは想像に難くない。

●跡継ぎ争いもカネで決まり

このように「戦争屋」でありながら優れた経営感覚も持っていた謙信だったが、彼の死後の跡継ぎ争いもまた、カネを握った方が勝利を収めている。1578年に急死した謙信は「生涯不犯」を貫いたため実子がおらず、人質として養子になっていた北条氏康の子・景虎と、同じく養子の甥・景勝※の間で跡目争いが勃発することになる。

「御館の乱」と呼ばれたこの戦いは、謙信がせっせと蓄えた資産が眠る金蔵を、景勝がいち早く抑えたことで趨勢が決まった。

軍資金の心配がなくなった景勝は、武具の調達も敵対勢力の買収も思いのまま。当初は景虎側についた武田勝頼もカネで釣って味方にしてしまった。

こうして謙信譲りの経営感覚を持った景勝が家督を継ぎ、難局を乗り切って大名家として存続したのだ。

歌川広重が描いた佐渡の金山で働く人々の様子

※上杉景勝
（1556〜1623）
上杉謙信の姉の子で実子がない謙信の養子となる。1578年に謙信が没すると、北条家から養子入りしていた景虎と家督を巡って「御館の乱」で争い勝利。豊臣秀吉政権では「五大老」に列せられ、「関ヶ原」の引き金となる「会津上杉氏討伐」で徳川家康から標的とされた。戦後は家康に謁見して謝罪し、会津30万石の大名。「大坂の陣」は徳川方で参陣した。

●上杉謙信女性説

1970年代、「上杉謙信は女性だった」という説が世間を驚かせた。

作家の八切止夫※が唱えたもので、大名でありながら子供がひとりもいなかったこと、「月に一度、原因不明の腹痛に襲われた」とする記録があること、男性特有の権力に執着する言動が見られなかったこと、などを根拠としている。

もちろんアカデミズムの世界では通用しない俗説だが、ここまで見てきたような細かい気配りができる経済感覚もまた、女性的な匂いを感じさせるものではある。

気配りといえば、こんな逸話がある。

織田信長なども同時期に開発していたものだが、謙信は陣中で兵士たちにホカホカの糧食を届けるよう、手配することがあったという。当時は炊いた飯を乾燥させた「乾飯」をそのまま食べたりするような時代だから、士気を高揚させる効果がいかに大きかったか。

敵といえども、ビジネスチャンスと見れば寛容になれる姿勢、名誉と一緒にちゃっかり実益もせしめる上洛作戦、家督争いをも左右する貯金……。女性ではなくとも、細かい配慮ができる人物であったことは間違いない。

※八切止夫
（1914〜1987）経歴に謎が多い歴史小説家。「家康は二人いた」説や「天皇家はアラブ系」説など、学界から異端とされる説を多く唱えた。

15

【押しては引いての繰り返し】

武田信玄の戦歴は引き分けばかり

●「戦の天才」信玄が喫した苦杯

武田信玄といえば「甲斐の虎」の異名で知られ、上杉謙信と並ぶ戦国時代を代表するスーパースターとして根強い人気を誇っている。中国最古の兵法書『孫子』※から引用した「風林火山」の旗を掲げ、向かうところ敵なしの強さを誇った、というのが一般的なイメージだろう。

「騎馬軍団」なる組織が信玄の配下にいなかったことは別項でも紹介しているが、ともかく精強な運団を引き連れて広大な領土を征服し、最後には織田信長の前に「信長包囲網」の中核として立ちはだかり、「信玄がもう少し生きていたら、信長の命運も危うかった」と議論の的になるほど、評価が高い。

では、実際の信玄の采配はどの程度のものだったのか?

※『孫子』
現在も世界的に著名な兵法書で、中国の春秋戦国時代に成立したとされ、13篇構成。

「生涯無敗」の印象が強い武田信玄

「負け知らず」のイメージが強い信玄だが、実は若かりし頃に屈辱的な大敗を喫している。北信濃（長野県）を支配する猛将・村上義清※に2度までもしてやられたのだ。

最初の「上田原の戦い」では、歴戦の宿将で信玄が父と家督争いをした際に支援してくれた板垣《いたがき》信方《のぶかた》を先鋒に立てるものの、一瞬の隙を突かれて義清勢に崩されてしまう。この戦いで信方のみならず、これも信玄の家督相続に貢献した老臣・甘利《あまり》虎泰《とらやす》が討ち死にしてしまう。両軍ともに被害が大きく痛み分けとなったものの、侵攻に失敗したうえに貴重な人材を失った点で武田家の大敗であった。

信玄は悔しがってなかなか負けを認めず、生母の説得でようやく軍を退いたという。

1550年、悔しさを晴らす時がやってきた。

村上家の重要な支城、砥石城を陥落させるため、信玄は再び軍を信濃に進めたのである。砥石城は周囲を崖に囲まれた天然の要害。

武田軍は勇敢に攻めかかったものの、敵の士気は高くさんざんな反撃に遭い、名将・横田高松を失ってしまう。

※村上義清（1501?～1573）
信濃北部を勢力圏とした戦国武将。武田信玄を2度も敗退させた唯一の人物。信玄に本拠地を逐われると越後の上杉謙信を頼って落ち延びるが、晩年の動向はほとんど不明。上杉家では外交を担当していたとされる。

攻めあぐねていると、義清が本隊を率いて急襲してくる。撤退を決めた信玄だったが、ここでも執拗な義清の追撃に遭い、1000人以上の死者を出してしまう。見事なまでに完敗し「砥石崩れ」と呼ばれることになる。

この大敗にはおまけがつき、信玄は本国・甲斐まで逃げおおせたのだが、それまで数年がかりで攻略していた佐久郡などを、逆転勝利で沸き返る村上軍や、その勢いに勇気づけられた周辺豪族の小笠原氏などに蹂躙されてしまうのだ。

●「常勝」イメージとは異なる信玄の戦歴

信玄を苦しめ続けた信濃の村上義清

二度の敗戦で信玄は学習※する。いくら大軍を擁しても、敵に地の利があったり、別の勢力と連携されれば容易には勝てないということを……。「上田原の戦い」のときは、敵の持つ地の利や、甲斐では見ないような豪雪にも手こずった。「砥石崩れ」においては、義清と敵対していたはずの北信濃の豪族・高梨政頼が電撃的に義清と和睦していたことを見逃した。

この悔しさを糧として、ここから信玄の「無敗伝説」が始まる——とはならない。

※学習する　死の間際の大軍を率いての遠征では信玄と連携する「信長包囲網」に織田信長が手こずっている隙に西上を開始し、途上の「三方ヶ原の戦い」では地の利を活かして勝利した。まさに信玄の生涯の集大成のような作戦だったのである。

相手を侮ったことで大敗を喫した信玄は、以降慎重な采配が目立ち始め、勝敗がつかない「引き分け」の戦が増えていくのだ。深追いを避けるから「破竹の進撃」で勢力圏を拡大していった印象とは裏腹に、家督を相続した１５４１年から、周辺の強国との同盟「甲相駿三国同盟」を成立させる１５５５年まで、15年近い年月をかけて、武田家が掌握できたのは、信濃一国にも届いていない。

北信濃一帯は謙信が北に控えているから、取ったり取られたり、土豪を臣従させたり離反されたりの繰り返しであった。諸説を総合すると信玄が生涯で戦った合戦は72回、そのうち敗北は前述の２つを含め３回※。勝利は49回。つまり差し引き20回、出陣した合戦の約３割は引き分けに終わっているのである。

特に晩年近くなると、合戦で打ち負かすのではなく、調略によって敵の家臣を寝返らせるなどの「頭脳プレー」が目立つようになり、合戦の回数そのものが減っていく。砥石城は「砥石崩れ」の翌年に陥落させたのだが、それも力攻めではなく真田幸村の祖父・幸隆の調略によるものだった。

合戦を避けることと、弱いことは同義ではない。信玄も影響を受けたとされる古代中国の兵法書『孫子』には、「最も良い勝ち方は、戦わずして勝つこと」と記してある。

信玄もこれを地で行ったのである。

死の年である１５７３年には、大軍を率いて上洛する途上、徳川家康の居城の眼前を

※３回
内訳は、前述した「上田原の戦い」と「砥石崩れ」の他に「小岩嶽城攻め」である。これも村上義清の城だから、信玄が生涯喫した決定的な敗戦はすべて義清が絡んでいることになる。

悠々と横切り、籠城の準備をしていた彼を激怒させている。

憤激して飛び出してきた徳川軍を、武田軍は三方ヶ原という平地で迎撃し、完膚なきまでに叩きのめしたが、これも無駄な血を流さず「戦わずして」勝とうとした武田軍を、家康が深追いした結果、起きた戦いといえる。

●謙信との決着つかず

謙信と北信濃を巡り5度も戦った「川中島の戦い」においても、信玄が勝利したのは謙信が自分の都合で撤退した1度きり。それ以外は城を取ったり取られたり、はたまた睨み合ったまま両軍動かなかったり、足利将軍・義輝から「なぜ謙信と和睦したのに侵攻してきたのか?」と信玄が叱責を受けたりと散々だ。最大の激戦となった１５６１年、４度目の合戦では信玄の右腕だった弟・信繁※を37歳の若さで失う痛手を被っている。

このように信玄は、地道に一進一退の攻防の末に甲斐から信濃、駿河までじわじわと領土を拡げたのである。そして乾坤一擲の勝負を仕掛けるべく、１５７２年、数万の大軍を引き連れて上洛を開始するが、その途上で胃がんと見られる病によってこの世を去ってしまう。これまでの苦労がようやく報われようとした矢先の急逝だったのである。

※武田信繁
（１５２５～１５６１）

信虎の次男で信玄の実弟。称した官職は「左馬助」、嫡男も同じ官職を名乗ったことから、唐名「典厩」の上に「古」を冠した「古典厩」で呼ばれた。信玄の信頼厚く、信繁もまた兄をよく支えたが、第４次川中島の戦いで戦死。

16

【茶碗に価値を与える発明】茶器を土地の代わりにした信長

●名物の価値が高騰し「茶器バブル」に

現代のサラリーマンの趣味といえばゴルフだが、戦国時代後期の武将たちがこぞってハマっていたのが「茶の湯」。織田信長に腕前や目利きとしての眼力を認められた堺の茶人・千利休※は、「茶の湯」全般を取り仕切る「茶頭」として諸大名に大きな影響力を持った。その茶会に招かれることは武将として、この上ない栄誉だったが、豊臣秀吉の政権下になるとかえって警戒され切腹させられてしまったのは有名だ。

この利休の子孫が今に続く茶道の名門「表千家」や「裏千家」などに分派し、弟子やその系譜に連なる茶人たちもまた、古田織部の織部流や片桐石州の「石州流」など、さまざまな流派を開いている。

武将の中でも茶道を極めた者は「利休七哲」や「利休十哲」と呼ばれ、名人が続々と誕生したが、異名が表すように彼らは利休の弟子でもあった。こうして戦国時代は、現在に

※千利休（1522～1591）
武野紹鷗に学んだ村田珠光流の侘茶を大成し、現在に続く「千家流」茶道の礎を築く。今井宗久・津田宗及とともに織田信長と豊臣秀吉の茶頭を務めた。特に秀吉は「内々の儀は利休に」と諸将に伝えたほどで、ブレーンとして政治面でも活躍。審美眼も折り紙付きで、彼が選んだ茶器は「利休名物」として珍重された。秀吉に切腹を命じられて悲運の最期を遂げる。

伝えられる「茶道」の礎が築かれた時代だったのだ。

●信長の大発明

さて、「茶の湯」に欠かせないのは数々の茶道具である。

湯を沸かす釜、抹茶を入れておく茶入、それをすくい取る茶杓、茶を点てるための茶筅や、茶を注ぐ茶器も必須だ。茶室を彩る四季折々の花は花瓶に活けられ、壁面には掛け軸。

こうした「茶の湯」で使う道具類を総称して茶道具と呼ぶのだが、これに本来とは異なる活用方法を見出したのが、信長だった。

まず当時の事情を説明すると、戦国時代以前にも「名物」と称される茶道具は存在していた。室町幕府の8代将軍・足利義政※などは「名物」の収集に熱心な文化人でもあったが、彼が愛した茶器のひとつが有名な「青磁馬蝗絆《せいじばこうはん》」。

これは、割れてしまってヒビが目立つ青磁器なのだが、それを修復するために鎹が使われ、それが馬の体に止まるイナゴのように見えるということで趣があるとされ、特別に名前がつけられて大事にされたものだ。

足利将軍家の家宝「九十九髪茄子」

※足利義政
（1436～1490）
室町幕府第8代将軍。6代義教の次男で、夭逝した7代義勝の弟。将軍家の内紛は、応仁の乱を引き起こした原因でもあり、戦乱を収拾できず長期化させたことから「無能」呼ばわりされることも多いが、将軍の権威や形骸化していた権力の復活を目指して、政治的にさまざまな努力もしていた。「東山文化」として結実した文化事業など、確実な功績を遺したものもある。

すでにこの「名物」を家宝にする家もあり、たとえば、茄子のような形をした茶入の「国司茄子」は、伊勢（三重県）国司を世襲していた北畠家の家宝だった。

茶道具は、もともと当時の中国で日用品として使われていた器などが多いのだが、由緒やいわれによって価値が大きく向上する。「茶の湯」で使う実用品であるのと同時に、美術品でもあるのだ。だから、著名人が高く評価すれば、それが「名物」となる。

たとえば利休が鑑定して「いい仕事していますね～」などと発言すれば、晴れて大茶人お墨付きの「名物」の誕生だ。戦国時代後期になって「茶の湯」が流行すると、茶道具たちはさらなる価値を得て、「名物茶器ひとつが一国に相当する」などと言われた。

この茶道具を、恩賞の道具として大いに活用したのが、信長なのである。

戦国大名は、配下の武将が軍功を上げれば、恩賞として何かを与える必要がある。この時代、それは金品もしくは土地だった。特に土地は、武将にとって収入増に直結する、最も魅力ある褒美だ。しかし領土を切り売りすることは、大名の収入減をも招く。

つまり、恩賞として土地を与えるなら、与える土地より広い敵領土を奪い取り続けなければならず、結果として膨張政策は自転車操業となる。

この与えるには限りがある恩賞の他に、信長は茶道具を与えることにした。もちろん美術品であって実利はないが、「茶の湯バブル」の時分だから、「名物」を持っているというだけで自慢※の種になる。さらに、美術品を下賜されるということは「お前にならこいつ

※自慢の種
たとえば、織田家の重臣・滝川一益は、信長から「この合戦で手柄を立てたら『珠光小茄子』という大名物の茶器をあげよう」と言われ勲功を上げるが、結局もらったのは室町幕府の重要役職「関東管領」。現代でいえば政府の閣僚クラスの地位だが、一益はガッカリしたという。

の価値がわかるだろう」と信長に認識されている証拠。武将たちの名誉欲を満足させるに充分な品なのだ。これにより信長は必要以上に家臣に土地を切り与えなくて済んだ。

敵対勢力の領土を切り取るのはたいへんな苦労が伴うが、茶器は日々新たないわれと共に「名物」が生み出されていく。

久秀が抱いて自爆した「平蜘蛛の茶釜」と同型とされる茶釜

●「名物」ひとつは命より重い？

「名物」の価値の高騰を、その死をもって証明してみせたのが「戦国三大梟雄」のひとりに数えられる松永久秀[※]である。

久秀は畿内の雄・三好家の重臣から織田家に転じた男だが、それからあの信長を2度も裏切った豪の者。2度目には「お前が持っている『平蜘蛛の茶釜』を渡せば許す」という信長からの勧告を拒否。

「貴様にくれてやるくらいなら、わしが抱いてもろとも吹き飛ぶまで」と啖呵を切り、居城・信貴山城内で爆薬を使って自害してしまった。おそらく本邦初の自爆死である。

※松永久秀
（？～1577）

三好長慶配下の武将として頭角を現したが、一方で足利13代将軍義輝の側近でもあった。そのため幕府の役職である「御相伴衆」も務めている。本拠地の大和多聞山城は近代城郭の先鞭をつけた工夫がいくつか見られ、「多聞櫓」はその象徴。将軍弑逆、主君毒殺、東大寺大仏殿焼き討ち、という「三悪」を成し遂げたとして、織田信長から称賛とも皮肉とも受け取れる言葉をかけられている。

彼にとっては、当代随一とされた「名物」茶器のほうが、命より重かったのだ。さすがの信長も茫然自失としたことだろうが、おかげで稀代の「名物」と謳われた「平蜘蛛の茶釜」がどのような形状をしていたのかが、現在ではよくわかっていない。

現代に残され、国宝などに指定されている「名物」は多いが、ほとんどは戦国時代に名を馳せた大名家か、当時の有力大名家から別の大名家に、家宝として伝来してきたものだ。「細川井戸茶碗」なら細川家※が、「柴田井戸茶碗」は柴田勝家が大事にしていたもの、というように。茶入の「上杉瓢箪」は大内家から大友家、そして上杉家に伝えられたものだ。

もしかすると、恩賞向けの土地が不足するという懸念を持たずに済んだからこそ、信長は領土を急拡大できたのかもしれない。織田家の全盛期には北陸・関東・中国・四国にそれぞれ戦線があり、各司令官がめいめい作戦を進めていたが、恩賞のオプションに「名物」があれば、こうした大規模な「陣取り合戦」にも対応できる。そう考えると、茶道具を恩賞として大いに活用した信長は、家臣統制術の側面から見るだけでも十分に〝革命児〟だったといえるのではないだろうか。

※細川家
室町幕府のナンバーツーである「管領」を、斯波氏、畠山氏ともども輩出する、中世武家の名門。時代が下ると管領職はほとんど細川家の世襲となる。いくつかの支族に分かれ、本家といえるのが「京兆（世襲した官職・右京大夫の唐名）家」。現代の細川護熙元首相に連なる系譜は、その分家。

17

【生きる伝説にして歩く手本】

朝倉家は優秀な人材の宝庫だった

●冴え渡る先見の明

　織田信長の天下獲りを北陸から阻んだ大名といえば、越前（福井県）の朝倉家だ。関係の深い浅井家と組んで織田・徳川連合と対峙したが「姉川の戦い」※をきっかけとして滅亡に追い込まれてしまった。

　最後の当主となった朝倉義景の評価は総じて低く、「軟弱で堕落した人物」とされている。同盟相手の浅井家への救援になかなか出向かず、一族からは次々と裏切られる。

　そんな暗愚な義景を輩出した朝倉家だが、もとはといえば幕府の「越前守護代」という立場から戦国大名化した家のひとつ。織田家もまた「尾張守護代」の出であり、さらに両家ともに主君としていたのは名門の斯波家。なにかと因縁深い間柄なのだ。

　そして、一時は京都を追い出された足利将軍・義昭が頼ろうとしたほどの勢力を持って

※姉川の戦い
1570年に起きた、織田・徳川連合軍と朝倉・浅井連合軍による近江国を流れる姉川付近での合戦。布石として織田方の調略による浅井家臣の離反があり、浅井氏の本拠地・小谷城を一気に陥落させるため織田軍が先制攻撃。やがて姉川を挟んで両軍は対峙したが、徳川軍が朝倉軍を敗走させたことで、ほぼ形勢は決まった。

宗滴が築いた栄華は義景の代で滅んだ

おり、名君や名将も輩出してきた。

その代表格が朝倉宗滴《そうてき》である。

死の直前まで軍政両面の最前線に立って義景を支えたが、彼にとっては宗滴はなんと曽祖父の弟。3世代にわたって朝倉家を盛り立てたのだ。

しかし、家中の誰もが一目置いたのは宗滴が長老だったからだけではない。

「武士は、犬畜生と言われようとも勝たなければならない」

と平気で口にするような男であり、抜群の戦上手。それでいて、常に当主のことを第一に考えていた。生涯に出陣した回数は12回と、さほど多くないがひとつひとつが長期間の遠征であり壮年期には数ヶ月も国外に出征したこともあった。

範囲は丹波（京都府）、近江（滋賀県）、京、加賀（石川県）、美濃（岐阜県）と大忙し。敦賀港も管轄していたことから、若き日の上杉謙信と交友があり、遠く出羽（山形県）の安東愛季※とも繋がっていた。

これは海運を通して経済的な交流をしていただけではなく「遠交近攻」という『孫子』にもある「戦略の基本」を確実に押さえたものだ。

※安東愛季（ちかすえ）（1539〜1587）
出羽から蝦夷にかけて勢力を誇った安東家は戦国時代、2系統の家にわかれていたが、愛季が統一。信長の躍進が始まったころから誼を通じるという、中央政界について情報収集と情勢分析に高い能力も持っていた。

即ち、隣り合う敵を牽制するために、その先にいる勢力（敵の敵）と手を結んでおく戦略だ。そうすれば攻めこまれたときには背後を脅かしてもらうこともできるし、攻めるときには挟み撃ちにできる。

他にも20代で公家に和歌を習っていたり、儒者を招いて教えを請うたり、山荘に連歌師を招いて連歌会を催すなど豊かな教養を感じさせる逸話が数多く残っている。

宗滴の興味は生物学にまで及んでいた。鷹狩に使う鷹を飼育していたのだが、優秀な鷹を得るために卵から育ててみたり、鮭の卵を入れた水槽の水温を調節し、人工孵化させるといった〝実験〟までしていた。

彼の死後も、その思考を無駄にしないために「朝倉宗滴話記」という書物がまとめられた。そこには、

「大将の度量を見るために、士卒は色々と試そうとする。だからいささかも弱々しい様子を見せてはいけないし、言葉に出してはいけない」

といった言葉が連々と書かれている。「文武両道」を体現した武将の気概があふれている言葉である。

●父は元祖「下克上」男

そんな宗滴の父・孝景[※]は、朝倉家を越前の実力者にした立役者である。

※朝倉孝景
（1428～1481）
最後の当主・義景の父は、自分の曽祖父と同姓同名。同じ越前守護代の地位にある甲斐氏が越前守護・斯波義敏と対立すると甲斐氏を支援。次いで守護継承者擁立戦では逆に義敏を援護してライバル守護代たちと対立。一方で自領拡大のために国人や一族とも戦い続けた。実力により発言権を強めた結果、越前の事実上の支配者となり、「下剋上」を完遂することに。

かつての朝倉家の本拠・一乗谷城に残る遺構

孝景は上司の守護・斯波家との抗争を決意すると、21度も出陣して無敗という実力を誇示して敵勢力を削ぐと、越前国内の国人衆や一族間の争いにも勝利していく。

そして「応仁の乱」※を奇貨として、越前守護の座を強奪してしまうのだ。彼が賢いのは将軍・足利義政への根回しを忘れなかったこと。きちんと越前支配の正当性を認める「御内書」を発行してもらっていたのだ。

孝景の軍勢が強かったのは、後に信長の戦略として有名になる「弱兵集団戦法」を実践していたからだ。

これは、「一騎当千の武将ひとりより、弱卒１００人集まった軍勢のほうが強い」という発想で「個の武」に頼る思想がまだまだ根強かった時代にあっては、奇抜なアイディアだった。

孝景が家中に出していたお触れには、「価格が一万疋の太刀一振りを持つなら、百疋の槍１００挺を１００人の足軽に持たせよ」いうものがあったほど。

まさしく「弱兵集団」の思想だ。この先進的なアイディアのもとで結成された軍勢で、

※応仁の乱
最近では「応仁・文明の乱」と、戦乱が続くまたがった元号を併記することが主流。将軍家や管領家、各地の守護家などの家督争いが複雑に絡み合い、細川勝元を大将とする「東軍」と、山名宗全を大将とする「西軍」に分かれ、中央政権がある京都を焼き尽くすほどの大戦乱となった。１４６７年にはじまり、10年以上もの長きにわたって和睦と合戦が繰り返され、利害や思惑から敵と味方が目まぐるしく入れ替わるという側面もあった。

あっという間に国中を席巻し、主家を圧倒して一代で越前の支配者として認められたのだ。

まさに「下克上」の元祖といえる存在だが、孝景が死んで数年後に、北条早雲がまったくの徒手空拳から相模（神奈川県）を平定したため、こちらの方が知られるようになった。

その孝景の子※として生を受けた宗滴が生きている間は、朝倉家の隆盛も続いていた。

「今川家は軍師・太原雪斎があと5年長生きしていたら、桶狭間で義元の首が取られるようなことにならなかっただろう」と言われるが、この宗滴もまた「もう少し長生きしていたら……」と想像を呼ぶ武将のひとりである。

奇しくも宗滴も雪斎と同じく「桶狭間の戦い」の5年前、1555年に亡くなっている。

加賀へ出陣中、病に倒れて当主の義景から帰国命令を受け、帰陣後に間もなく息を引き取っている。諸説あるが享年は79歳〜82歳。「人間50年」の時代にそぐわない長命ぶりもさることながら、この年まで戦場に出向いていたことは、「驚異」の一言。

彼の死からほどなくして、朝倉家は滅亡のカウントダウンを迎えるのである。

※孝景の子
孝景の孫で義景の父・孝景（祖父と同じ名前で紛らわしいが、なぜか朝倉家は一族の近い関係で同名というケースが多い）は、祖父の遺産を有効に活用してさらに家名を高めた。後奈良天皇の即位費用を捻出したり、代理の修繕費を用立てるなどして、朝廷の信任を得たのだ。

18 【壮大な宣言も範囲は限定的】実は狭かった「天下布武」の範囲

●「日本全国」という意味ではない

現代の感覚で「天下統一」といえば、常識的に思い浮かぶのは「北海道から沖縄までに至る日本国を統一する」ことである。事実、豊臣秀吉は東北から九州に至る諸大名を屈服させて全国政権を築いたし、戦乱の世を治めて江戸に幕府を開いた徳川家康は諸大名を統制するシステムを確立した。

当時の北海道は外国に近い存在で、本土の影響力は函館付近までしか及んでいなかったし、薩摩藩が服属させたとはいえ、独立した王国※があった沖縄は支配圏の外だったわけだから、現在の「全国」と若干のズレはある。しかし、ひとりの権力者が現在の日本国の国土とほぼ変わりない範囲を支配したのは間違いない。

だから、織田信長が掲げたことで有名な「天下布武」の「天下」が意味するところも「日

※独立した王国
1429年に尚巴志が沖縄本島を統一して築いた琉球王朝のこと。中国皇帝に朝貢し、任命してもらう冊封体制に入っていた。1609年に薩摩藩の侵略を受けたが、朝貢は続けた。

本全国」に違いない——そう考えるのが自然である。ところが、意外なことに信長が想定していた「天下」は「日本全国」を意味していなかった。秀吉と家康による全国統一事業が達成されたおかげで勘違いされているが、戦国大名たちが考えていた「天下」とは「日本全国」ではなかったのである。

●畿内すなわち天下

具体的にはどこまでかというと、「畿内」である。これは現在の近畿地方よりもさらに狭い範囲で、現在の地名でいえば京都府南部と大阪府の一部、奈良県北部に滋賀県の一部くらい。当時の国名でいえば山城、摂津や河内に和泉の一部、大和と近江の一部くらいのものだった。

信長が用いた「天下布武」の印

その中でも重要だったのが「洛中」だ。京都の中心にして天皇が住まう朝廷があった場所である。日本国の政治・経済・文化の中心地であり、ここを勢力圏に収めてしまえば全国に指導力を発揮できた。

天皇は実質的な武力を持たないから、京にいれば朝廷を意のままに操る※ことが可能になる。官位

※操る
もちろん天皇に指示がくだせるわけでないが、朝廷に要請することによって「綸旨（りんじ）」を出してもらうことができた。いわば天皇の発する命令書であり、朝敵の指定も「綸旨」で行われる。

の発行や、朝敵を指定する権限は朝廷にあるから、上洛すればそれらを利用して、諸大名の政治的権威を貶めたり、与えたりできるのだ。

また、武家の棟梁たる足利将軍家も同時に抑えれば、幕府が任命する役職も思うがままに任命・剥奪してしまうことが可能になる。

将軍が任命する各国の軍事指揮官「守護」や、その代理「守護代」といった役職は、「守護代」が「守護」を殺害して国を乗っ取るような事態も起きて、もはや実質的な効力を持たなかったが、朝廷や幕府という〝ブランド〟は健在であった。

中身が伴わなくても、奥州の伊達家は「奥州探題※」という地位にこだわったし、北条家は鎌倉がある相模（神奈川県）の国主であることを証明する「相模守」に固執した。

役職ひとつをとってもこうなのだから、「上洛」という行動には、現代人の想像をはるかに超える重要な意味が秘められていたのだ。外敵の妨害を受けることなく「洛中」に留まることができればそれは、全国に影響力が及ぼせる実力者の証、ということになる。

●信長より先に「天下布武」を果たす？

つまり、信長が美濃（岐阜県）を落として「上洛」を視野に入れたタイミングで「天下布武」を掲げたのは、言われているような気宇壮大な夢を描いたのではなく、次の手としては極めて順当なものを選んだに過ぎないのである。

※奥州探題
室町幕府の陸奥国統治機構。探題を自称する者が急増するなど混迷した時期もあったが、足利義政政権下で機能を回復。しかし「応仁の乱」以後は形骸化が進んだ。

また、信長には「誰も成し得ないことをやってのける」というイメージがあるが、「上洛」に限っては先人たちのケースをしっかり参考にしていた。意外に〝先輩〟の戦国大名は多く、同時代には阿波（徳島県）出身の三好長慶がおり、少し前の世代にも大内政弘・義興親子という中国地方随一の大名がいた。

大内政弘が京都で支配力を持つきっかけとなった大乱「応仁の乱」

特に大内政弘は、「上洛」によって全国に轟く名声を手に入れた最初の例といえるだろう。「応仁の乱」では山名宗全※に味方して西軍に属し、国政を家臣に委ねて京都に留まること十数年。

豊かな経済力をバックに朝廷と幕府の絶大な信頼を勝ち取り、国許が政情不安に陥って帰国したいと願い出ると、「どうか帰国しないでくれ」と懇願されるほどの影響力を持った。

東西両軍の間で政治・軍事的な緊張状態が続いていたところに、彼の存在が重石となってバランスが取れていたからだ。結局、彼は帰国してしまうのだが、そうなると影響力の低下は防げなかった。この状況は息子・義興の代になっても変わらず。

※山名宗全（1404～1473）守護大名。宗全は法名で本名は持豊。数ヶ国の守護を兼ねる実力者で、のち将軍継承問題で細川勝元と対立し、抗争状態（「応仁の乱」）に入る。決着を見ることなく陣没した。

大内家が帰還したことで政治的なバランスが崩れ、京は東軍の首魁だった細川家を中心とした政争が続くことになる。

信長より先に畿内を統べた三好長慶

●三好長慶の台頭

この混乱を収める形で存在感を増していったのが、前述した三好長慶である。名門・大内家とは違い、彼の場合は当初は大名ですらなかった。

三好家は細川家の分家のひとつ、阿波細川家に仕える家臣に過ぎなかった。阿波細川家は、本家で京の政局を動かしていた細川京兆家に養子を出していた。それが「管領」の政元※の養子となっていた澄元で、養子を迎えるのは彼で3人目だった。政元は澄元を後継者に考えていたが、その死後に家督争いが勃発。

渦中となった若年の澄元を助ける形で台頭してきたのが、長慶の父・之長である。ところが、ややこしいことに三好家も主家の内紛に呼応するように分裂して内紛を起こし、之長は殺されてしまう。

その仇を討って中央政界に進出してきたのが、長慶なのだ。

彼は的確な手を打って、地位を固めていく。

※細川政元（1466〜1507）室町時代の武将。細川勝元の子。畠山政長を倒し、足利義澄を将軍にし、管領として実権を握る。のちに自身の家督争いに巻き込まれ殺された。幼名（聡明丸）が特徴的。

自分の意のままにならない12代将軍の義晴※を近江（滋賀県）に追い出して、事実上の洛中支配者にのし上がる。本拠地の阿波は弟・義賢に任せ、阿波と摂津（大阪府）を往来する要所に浮かぶ淡路には、淡路水軍を束ねる安宅家に弟の冬康を送り込む。

同時に主家・細川家の内紛は自分に優位な状況でまとめ上げることに成功し、主君をはるかに凌ぐ実力者として認知されていく。こうして摂津や河内から山城、大和北部などを掌握した三好家は、大内家に代わる実質的な最高権力者の地位を手に入れるのだ。

その後に長慶が意を砕いたのは、これをステップに周辺地域を併呑することではなく、洛中での地位保全だった。朝廷への影響力、幕府を意のままに動かす実力などを、いかに維持していくかということだ。

だから彼が支配する領域は、将軍を放逐した後になると、ほとんど拡大されていない。ここに「天下取り」の完了を見ることができる。この意味でいえば長慶や大内政弘などは、信長に先んじて「天下布武」を達成していたとも解釈できるのだ。

※足利義晴
（1511〜1550）
室町幕府の12代将軍。義澄の子。幕府の権力が失墜し流浪の日々を送るなか、細川高国に擁立されて将軍となる。それでも流転の日々は変わらず、義輝に将軍職を譲った。

第二章

戦国時代はこんな社会だった

19 武士はどう収入を得ていた？

【食わねど高楊枝とはいかない】

●同じ武士でも千差万別

戦国時代の戦場で働く者を大雑把に2つに分ければ、雑兵と武将ということになる。

武将が支配する領地には、主君からのルールに基づいた義務が課せられ、その義務のひとつの軍役※によって駆り出される農民が、雑兵の大多数を占めていた。

ひとくくりに武将といっても、様々な立場や在り方があり、それによって収入を得る方法や収入の種類も異なっていた。大名に仕えているからといって、誰もがその家に属する武将だとは限らない。

条件次第で傭兵のように主君を変える国人領主の方が圧倒的に多かったのだ。彼らや、大名に代々仕える譜代家臣の下には、さらに小さな領地を治める地域の代表者のような存在もあった。ここまでくると身分は判然とせず、いわば農民と武士の間に位置していた。

※軍役
武田家中には年貢の一部負担を免除された「軍役衆」と呼ばれる集団がいた。彼らは税負担面で優遇される代わりに、戦時においては武田家に尽くすことを約束した組織である。似た制度は各大名家に見られる。

さて、彼ら武将は主君のために戦ったことで、どのように収入を得ていたのだろうか？

●大名の収入

まず武将が仕える対象である大名は、支配下に治めた領地からもたらされる年貢米のほか、商人都市に課した税金や関所からの現金収入、金山※や銀山を抱えていれば鉱山収入もあり、諸国との交易による利益も入ってくる。

　これらの収入は、実は家臣の武将が得ている収入の一部を上納させているケースがほとんどだ。つまり領民から直接収入を得ているのは、国人衆や直属の家臣などというケースが多い。

　しかし、すでに書いたように、国人領主は簡単に主君を変える存在である。むやみやたらに上納を要求すれば、そっぽを向いて別の勢力に近付いてしまう。

　そうならないよう、大名家によっては武将の収入の種類によって徴収する品目を変えたり、豊作や凶作の年には臨機応変に税率を変更するなど、工夫をした。

「長谷堂城の戦い」で干戈を交える武士たち。恩賞のために必死で戦う

※金山や銀山
特に佐渡の金山や石見銀山が有名。石見銀山の利権を巡っては大内家と尼子家で壮絶な争いが繰り広げられた。

●北条家の事例から

では、そういった大名の収入から、武士はどのように恩賞をもらっていたのだろうか。

ここでは北条家の研究を専門的に進めている黒田基樹氏の研究を参照する。

まず驚くのは、直属の家臣たちの間で、収入に圧倒的な格差があることである。治める領地を示す「知行」で見ると、北条家の長老・幻庵※ひとりで全知行の8％を占めている。そして、彼の知行に比べて1％にも満たない知行の者が全体の半分にも達しているのだ。

武将たちはまた、「寄親」と呼ばれる、合戦となると一軍を率いる大身の武将と、「寄子」と呼ばれる寄親の下知を受ける層に分かれ、寄子にはその支援にあたる「与力」がいるなど複雑な階層構造を持っていた。北条家のシステムでは当主が寄親に知行をあてがうと、寄親はその中から自分の寄子に知行を与える。

では、その知行から、どのように収穫を徴収するのか。

まず、大名は直轄地にはお触れなどによって、治めるべき税の額や内容を指示する。豊臣秀吉による「太閤検地」が有名だが、方法はさておき「検地」と呼べる内政政策は、どの大名家もしていたことだった。これをしなければ年貢が決められないからだ。

「検地」によって農地の面積や敷地内にある屋敷の数を調べる。大名家により違いはあるが、このいずれかを基礎に、農作物にかける年貢の率や、合戦時に動員すべき人数、城を建設するときに供出する人足の数などが決められていった。

※北条幻庵（1493～1589）
北条早雲の子。一度、箱根権現の別当になるが、のち還俗して一族の長老として外交官などとして活躍した。驚くべき長寿であり、96歳で亡くなるまでに早雲・氏綱・氏康・氏政・氏直と5人の当主に仕えた。

北条家の場合、納めるべきものは金額ベースで表現していた。年貢なら田んぼと畑で異なる基準が設けられ、田んぼ1反※につき40文、畑は貫高の6パーセントといった具合だ。軍役は村全体の貫高を基に、40貫文につきひとりで、1回10～20日というような、ごく短期の徴兵制度のような内容だった。

戦国大名が部下に向けて記した感謝状「感状」。功績を証明できる

そして、直臣も大名に倣って知行地の検地をし、年貢率などを求めた。同時に大名から、上納すべき年貢などが指示されるが、軍役については動員可能な兵力数に直結するものだから、大名に上納する必要はなかった。

複数の武将が所領を分け合っている村などでは、大名が派遣した監督者のもとで検地をするケースもあったようだ。

こうした直臣や国人領主ではない末端武士の場合、納めるべきものは自分の体しかないから、軍役でしか大名に貢献する術がない。

つまり動員されたら即、馳せ参じるのだ。普段は自給自足の農民のようなものだから、合戦で功を上げな

※反　1反は約991平方メートルにあたる。

ければ生活もおぼつかない。手柄を立てて恩賞を狙うか、功績を証明する大名からの書状「感状」を受け取ることによって地位向上を図るしかない。一方で、武士階級に入れられない純然たる農民は、貴重な年貢の生産主だから、命を落とす可能性がある軍役は課されなかった。

また、収穫の余剰分は自らの収入にできたようで、これを売るなどして現金を得ていた。つまり、意外なことに最下層の武士より、農民のほうが楽な生活を送れていたのだ。

大名から武将に向けた恩賞には色々な種類がある。「感状」は実収入にはならない代わりに功績の証明書になるから、家中での地位向上や他家に移る際の「履歴書」として機能する。新たに知行地が増える場合は、そこから上がってくる年貢も自動的に増加する。

だから武将たちにとって一番人気の恩賞は知行が増える「加増」なのだが、今まで見てきたように大名家の領土というのは、獲ったり獲られたりだ。与えられる領地には限界があるため「加増」の連発は難しい。だから信長のように、価値が高い茶器※を用いて名誉欲を満たすなどの工夫をこらす大名も現れるわけだ。

※価値が高い茶器
茶器の価値がピークに達した頃には「名器の価値は一国一城に勝る」とまで言われ、荒木村重や滝川一益といった一流武将まで、加増や幕府の役職より茶器を求めるという光景が繰り広げられた。

20 忍者の正体は「情報屋」だった?

【超人的な能力の正体は〝談合〟だった】

●世間一般の「忍者」像は創作

世界中で大人気の漫画『NARUTO』は、仙術や瞳術などを駆使する忍者同士の争いを描いている。ファンタジーではあるものの、作中で描かれる忍者像は、日本人のイメージを投影したものが多い。忍者といえば、口から火を吹く「火遁の術」、長時間潜水する「水遁の術」を駆使するスパイだと認識している人も多いはずだ。

また任務に必要な特殊な工具や武器を持ち、薬学にも通じ、特別な丸薬や携行食を身に付けている。暗闇に紛れやすいように、基本的な装束は黒で統一※。隠密行動のために音を立てない、特殊な歩行術や移動法もマスターしている。そして過酷な鍛錬の末に身につけた超人的な術を自在に操り、敵忍者や敵勢力と戦いを繰り広げる諜報機関であり、特殊部隊——そんな印象が日本人には染み付いている。

※装束は黒で統一　忍者といえば、真っ黒な服を着ていたイメージがあるが、黒色は夜に浮いて見えることから、紺色や濃い柿色を使用していたという。現存するものも、濃い柿色のものが多い。

ところが、忍者の実態というのは、現在でもよくわかっていない。

そもそも「忍者」という言葉自体、戦国時代には使われていなかった。大名家や地域によって違うが、謙信の上杉家では陰働きをする一団を「軒猿」と呼び、信玄の武田家では「乱波」や「透波」などと呼んでいた。「草」や「回し者」といった呼称もある。

忍術のバイブル的な書物に『萬川集海』※があるが、これが書かれたのは江戸時代に入ってからで、「忍者の子孫」と称する人物の手による。また、江戸時代の講談や、明治時代以降に書かれた「立川文庫」に登場する猿飛佐助らも、戦国時代の忍者の実態を正確に記しているとは言い難い。

しかし、創作の世界での忍者たちは魅力に富み、世間一般に広く伝わっていく。現在の「忍者像」は明治時代以降に広まった、比較的新しいものなのだ。

●忍者が手掛ける「諜報活動」の実際とは

それでは戦国時代の忍者とは、どういう活動をするどのような集団だったのだろうか。各種史料に見える範囲で追いかけてみよう。

どの大名家も、陰働きをする忍者たちに期待する第一の仕事は諜報活動だった。周辺諸国や中央の政局、何より敵国の情勢を探り、情報を仕入れてくるのだ。そのため、合戦直前だけではなく、長期間の潜伏活動も必要だった。

※萬川集海（ばんせんしゅうかい）
1676年に伊賀（三重県）の郷士で藤林保武が書いた忍術兵法書。「細い川もたくさん集めれば海になる」という意味でつけられたという。忍術だけではなく『孫子』『論語』などにも触れている。

脚色された忍者の最高峰といえる自来也

スパイとして敵国に赴き、素知らぬ顔をして情報を得るだけではなく、敵の家中に抵抗勢力を作ったり、民心を敵大名から離反させたのだ。有力者の暗殺に赴く場合は、その側近くに仕官したりした。このときに変装術や毒薬、敵を欺く心理的テクニックを発揮した。

派手な活動としては、敵戦力を削ぎ落とすための破壊工作※だ。

城に忍び込み井戸に毒を投げ入れ、籠城時の水の確保を難しくしたり、合戦に備えて備蓄された兵糧に放火することもあった。この際には火薬の知識や「忍び足」と呼ばれる移動術を駆使する。意外だが、合戦となると前線に躍り出て戦った。鉄砲の腕やゲリラ戦術を活かして敵を混乱させる役目を担ったようだ。

やはり活躍の場は多かった忍者だが、肝心の第一の仕事である諜報活動については極めて胡散臭い。

というのは、忍者集団というのは一部を除いて特定の大名家に終身雇用される家臣というより、必要に応じて契約する傭兵に近い。

だとすれば、大名家に必要以上に肩入れするのではなく、忍者集団同士が横のつながりを持っていたはずなのだ。そこには〝忍者社会〟だけが持つ独自の情報ネットワークが生まれる。

※破壊工作
『萬川集海』によると、このように姿を隠して敵地に忍び込み、目的を遂げる忍術を「陰忍」、姿を現して諜報・諜略活動にあたることを「陽忍」と呼ぶという。

家康の覇業を陰から支えた服部半蔵

なぜ生まれるか。例を使って説明しよう。

とある大名家Aに仕える忍者集団Bが、命令を受けて大名家Cの情報収集にあたるとする。

この忍者集団Bが、手っ取り早く仕事を終わらせるにはどうすれば良いか。答えは簡単で、大名家Cが使っている忍者集団Dから、主家の情報を聞き出せば良いのである。

もちろん忍者集団Dも〝タダで〟とはいかない。忍者集団Bから大名家Aの情報を分けてもらうのである。すると、大名家Aは「こんなに早く情報が手に入ったのか？」と驚き、さらに大名家Cは、自分たちが使う忍者集団Dが、大名家Aの情報を事前に仕入れていることに大満足だ。

この仮説に経てば、古くから伝わる忍者たちの「驚異の情報収集能力」も説明がつく。

無論、主家に義理立てして〝忠犬〟として働く忍者集団もあったに違いない。

●甲賀と伊賀はライバル同士？

忍者集団の話でいえば、「伊賀忍者と甲賀忍者のライバル関係」が広く知られている。

山田風太郎の時代小説『甲賀忍法帖』では、※伊賀・甲賀の当主の孫同士が恋に落ち、2

※伊賀・甲賀の当主　現実にはひとりの「当主」というべき者はおらず、甲賀は「甲賀二十一家」、伊賀は「上忍三家」が頂点に立って里を運営していたという。

人を巡って血みどろの争いが繰り広げられる様が描かれる。しかし、そういった関係は後世に脚色されたもので、前述した通り忍者集団は基本的に協力しあっていた。

確かに、甲賀者は近江（滋賀県）守護の六角家と「甲賀の地を攻めない代わりに軍事強力する」と契約していたのに対し、有力な支配者がいない伊賀は集団の合議制で国を切り盛りしていたから、ときに散発的な対立を起こすことはあった。

だが、伊賀と甲賀の間に決定的な対立がなかったことは、「本能寺の変」直後の徳川家康の逃避行「神君伊賀越え」での服部半蔵※の活躍にも表れている。「伊賀三上忍」のひとつに数えられていた服部家だが、その当主が説得に赴くだけで、伊賀者だけではなく甲賀者までもが家康の逃避行を手助けしているのだ。

江戸時代に入ると、「神君伊賀越え」を成功させた伊賀者２００人は、服部半蔵を頭とする「伊賀組」を結成。現在も「半蔵門」として地名が残る江戸城の一角を警備する役目にあたった。

甲賀者も家康から重宝され、名門の多羅尾氏は地元の代官職を世襲していったばかりか、家康に信頼された山岡景友は大名一歩手前の９０００石を与えられて「甲賀百人組」を率いている。両者が揃って召し抱えられていることが、当時の忍者集団の在り方を表しているだろう。

※服部半蔵の活躍
実は半蔵は三河（愛知県）生まれであり、伊賀は先祖の故郷。先代が伊賀の里を出て武将となったため、半蔵も忍者というよりは、槍働きで功を上げる武辺者であった。しかし「神君伊賀越え」を成功させるなど、知略に富み機転も利いた。

21 戦国時代に「軍師」はいない？

【諸葛亮孔明の幻影】

●戦国時代に「軍師」はいない

古今東西にかかわらず、歴史に名を残す大将の側には必ずと言っていいほど優秀な〝知恵者〟がおり、その者たちには「軍師」という肩書が付く。戦国時代もののドラマや小説に登場する「軍師」は、自らも大将の器を持ちながら主君に仕えることを選び、策を練っては百発百中、主君が暴走するようなことがあれば身をもって制する※——こんな調子で、忠臣のお手本のような存在として、戦国大名の雄飛を助けていく。

ところが、現実の「軍師」の役回りはイメージとだいぶ違っていたようだ。

まず「軍師」という呼称は戦国時代にはなく、強いて言うなら「軍配者」なる者たちがいた。手にした軍配※で何をするのかといえば、大軍の指揮ではなく陰陽道などの理論に基づく「占術」。軍配は優秀な〝占いアイテム〟であり、方位磁石が埋め込まれていたり、

※身をもって制する
例えば、伊達政宗の「軍師」として女性から絶大な支持を集める片倉小十郎景綱は、主君・政宗が疱瘡にかかって引っ込み思案になっているのを見るに見かねて、病気で腫れた片目を短刀でくり抜いた！　という逸話が残っている。

方角の吉兆を示す文字が記されていたりした。

彼ら占い師が何を占うのかといえば、「いつ出陣するのが縁起が良いか」「どこから攻めるのが縁起が良いか」といったこと。占術に秀でているということは、理論や統計を学んでいることになるから、深い学識を備えていた。だから戦後には「首実検」の後に討ち取った敵側の死者が怨霊にならないよう、死者を弔う儀式も主催した。

学識が高く、死者を弔う……となれば、陰陽師だけでなく、僧侶※も参入してくるのは自然な流れだ。実際に、「軍師」とされる人物のなかには、徳川家康における南光坊天海、今川義元の太原雪斎、北条氏政の板部岡江雪、毛利輝元の安国寺恵瓊、大友宗麟の角隈石宗といった僧侶の名前が数多く見られる。

家康の懐刀の怪僧・南光坊天海像

そして、彼らにはもうひとつ「外交官」という大きな使命があった。

戦国時代の使者は敵軍に飛び込むため危険が伴うが、わざわざ世俗から離れた僧侶を殺して仏敵の汚名を被る大名はいないから、敵地に赴いても必ず帰還できたのである。

加えてどこに出しても恥ずかしくない学識※も備えているから交渉役としては持ってこいである。

※軍配
現代で軍配を扱う人といえば、相撲の行司である。裁定には欠かせない道具となっているが、これは戦国時代に武将たちが陣中で相撲をとった際、軍配で勝負を裁定したのが起源という説がある。

※僧侶
島津義久に従った川田義朗のように、陰陽師・修験者も多かった。

※学識も備えている
どんな大名だって、自分の家の代表として物を知らない田舎武将を派遣したくないから、使者には僧侶でなくても教養豊かなエリートが選ばれた。明智光秀や細川藤孝がそうだ。

●戦国時代は「軍師」だらけ？

ここまできて疑問に感じている読者も多いだろう。「では、黒田官兵衛や竹中半兵衛、直江兼続や片倉景綱といった人物たちは『軍師』ではないのか？」と。

前述した「軍配者」たちは、宗教や占術を用いて大名の傍らにあり、アドバイザーとして活躍したわけだから、広義の「軍師」に含めても間違いではない。しかし、黒田官兵衛ら本来〝名軍師〟の呼び声高い武将たちが「軍師」という役目を負った事実はないのだ。

日本人のイメージでは、各家に何人かの抜群に優秀な武将がおり、彼らが『三国志』の諸葛亮孔明よろしく、常に主君の傍らにあって献策をし続ける様子を想像するが、実は戦国時代に「軍師」という職制が存在した事実はない。

確かに、優秀な武将が戦略を提案したり、参謀のように付き従ったり、命を懸けて主君に諫言する場面はあったことだろう。後世には、これらが「軍師」だけの特権かのように語られているが、こうした行動を取った武将をみな「軍師」と呼ぶのであれば、戦国時代は「軍師」で溢れ返ることになる。

例えば徳川家康に従った「徳川四天王」などは全員「軍師」と言えるし、織田信長配下の豊臣秀吉、柴田勝家、明智光秀、丹羽長秀らも全員当てはまってしまう。見ようによっては武田家の精鋭「武田二十四将[※]」の大部分も「軍師」と言えてしまう。

しかし、ご存知の通り、現代の日本人たちが「軍師」と認識しているのは、先ほど挙げ

※学識も備えている　どんな大名だって、自分の家の代表として物を知らない田舎武将を派遣したくないから、使者には僧侶でなくても教養豊かなエリートが選ばれた。明智光秀や細川藤孝がそうだ。

※武田二十四将　江戸時代に「武田二十四将図」に描かれた、武田家の隆盛を支えたとされる24人の武将。武田信玄を武将のひとりに含んでいるため、正確には23人。生没年はバラバラで、23人が一堂に会したことは一度もなかった。

たような官兵衛や兼続ら、優秀な武将たちの中でも〝特別扱い〟をされた者たちだけだ。
なぜだろう？　実はこの扱いの差が「軍師」なるものの存在を解く鍵となる。

●江戸時代にこそ必要とされた

戦国時代にはなかった「軍師」が生まれたのは、江戸時代になってからで、その時代の潮流と深く関わっている。戦国時代が終わって、徳川政権が安定してくると、幕府は日本を統治する「国教」を必要とした。日本人が「なぜ徳川家が日本を支配しているのか？」と疑問を抱かないようにするためである。

そこで、急に幕府と結びつくのが「儒教思想」である。この古来東アジアに存在する思想は、忠孝を重んじ、上下関係を大切にする特徴があったため、国教にはちょうど良い。

「軍師」といえばこの人、蜀漢の諸葛亮

そうして幕府のお墨付きを得た儒教の儒者たちが、〝理想の武将〟として褒めたのが、中国の三国時代に正真正銘の「軍師」を務めた諸葛亮孔明なのである。

「軍師」といっても、諸葛亮の場合は軍事のみならず、主君に代わって国家戦略を動かす「宰相」

としての役割が大きかったが、物語の中では主君の劉備に忠実に仕え、生涯を捧げた。

この儒者たちの「軍師・諸葛亮」びいきと見事に化学反応を起こしたのが、「軍学」の誕生と、「軍記物」の流行である。

「軍学」は、平和になった江戸時代にあって、古来の戦法を研究する学問だが、教える先生は戦場に出たこともないから、どうしても格好がつかない。そこで彼らは自分たちの学派の〝始祖〟を持ち上げて権威とする。例えば、「越後流軍学」なら上杉謙信に仕えた宇佐美定満、「甲州流軍学」なら武田信玄に仕えた山本勘助※、という具合である。

〝始祖〟は家中で抜きん出た存在でなければいけないから、自然と彼らが「軍師」としてマンツーマンで大名の参謀をしていたんだよ、というストーリーが出来上がっていく。

そのストーリーに尾ひれを付けていくのが、「軍記物」、つまり戦記ものの流行である。戦国時代当時を知る人などいないから「泣けて、燃える」演出がどんどん追加されていき、「軍学」の始祖たちが八面六臂の超人的な活躍を見せる〝お話〟が広まっていく。

「諸葛亮的」な軍師が好まれる時代だから、ヒーローはひとつの大名家につき、ひとりか2人。しまいには「諸葛亮が主君の劉備から3度請われて部下になった」という話と、豊臣秀吉が竹中半兵衛を勧誘した話が、混同されて語られる始末だ。

つまり、日本人が江戸時代から長い時間をかけて磨き上げてきた「誤解」によって、官兵衛らヒーローは「軍師」として生き続けているのだ。

※山本勘助
（？～１５６１？）

長く架空の人物とされてきた人物。武田信玄の軍師として知られる。１５４３年、三河から甲斐に移り、兵法に精通していたため重用されたという。川中島で戦死したとされる。「山本菅助」という人物は実在するが、使者に立ったことが記録されているのみである。

22 意外と知られていない家紋の由来

【ウェーブに櫛にと自由なデザイン】

●「三つ葉葵」には諸説あり

家紋は戦国武将のシンボルである。戦場では旗刺し物として翻り「我はここに在り」と強烈にアピールする。戦国時代が終結して徳川家の世となると「葵の御紋」は権力者の象徴となり、時代劇『水戸黄門』※のように人々を平伏させる力を持った。

武将それぞれに特徴がある家紋だが、どのような理由があって、あのような凝ったデザインになったのだろうか。

まず徳川家の「葵の御紋」、正式には「三つ葉葵」というのだが、これほどの知名度を誇っていながら実は由来が謎に包まれている。ただ、信ぴょう性がありそうな説は4つほどある。

まずは「家康オリジナルデザイン」説。「三つ巴」という別の家紋の意匠をヒントに、

※『水戸黄門』劇中では主人公の徳川光圀が諸国を漫遊するが、もちろん史実でない。光圀自身は国元と江戸を往復した程度であった。ただ、剛毅な性格で、しかも名君として認知されていたことは、当時流行した狂歌などから明らかになっている。

本多家の「立葵」（左）と徳川家の「三つ葉葵（右）」確かに似ている

家康が考案したものというのだ。事実だとすれば、かなりのデザインセンスを持っていたことになる。

次に「本多家の家紋をもらった説」。

本多家といえば忠勝をはじめ、家康の天下獲りに多大な貢献をした家柄。その勇猛さは家康の祖父・清康の頃にも発揮され、本多家の働きぶりに感心した彼が、「そちの家紋の葉っぱの部分だけもらえまいか」と持ちかけ、デザインをマイナーチェンジして徳川家の家紋にしたという話。

確かに本多家の家紋「立葵」は「三つ葉葵」※にそっくりである。

また松平家と先祖を同じくする「酒井家からもらった説」。これまた家康の先祖・長親の代に酒井家の働きぶりにあやかろうと「三つ葉葵」を献上させ、酒井家の方は「酢漿草紋」という似たデザインを新たに考えた、というもの。もうひとつの説は、徳川家の始祖ということになっている親氏が「加茂神社の神紋をアレンジした説」。神紋に使われていた「葵紋」をもとに「葵巴紋」、後の「三つ葉葵」を創案したというものだ。

※三つ葉葵
「葵の御紋」は徳川宗家と御三家などの分家でデザインの細部が異なることで有名だが、実は代々の将軍も同一の意匠をベースに少しずつ変化させている。

●家紋には生き様が表れる

徳川家のように由緒があれば、成立の過程にいくつか説が生まれるが、戦国時代は「下克上」の世。一代で成り上がって、自分がデザインした〝オリジナル家紋〟で戦場を駆けた者たちも多かった。

明智光秀も用いた「桔梗紋」（左）と斎藤道三の「二頭立波紋」（右）

「下克上」の代名詞的存在である斎藤道三※もそうだ。

斎藤家の家紋「二頭立波紋」は見ての通り、曲線を大胆に用いたデザインで、現代の我々から見ても斬新で目を引く文様だ。

雄々しく競り立つ大きな波によって、力強さを示しているとされる。寄せては返す波の動きから「押しては引く」という戦場での駆け引きを重視する、道三自身の理念が込められているともいわれる。

ただ、彼と険悪だった次代の義龍はこの家紋を用いず、自身が美濃（岐阜県）の前守護・土岐氏の血を引くと思っていたことから、土岐氏の家紋「桔梗紋」を採用。世にも珍しい「二頭立波紋」は、大波が砕け散るが如く、儚く一代で消え去ったのだった。

※斎藤道三
（1494〜1556）
もともとは京都の油商人であったという。美濃国の守護・土岐頼芸に取り入り、守護代・斎藤家を継いで秀竜を名乗る。のちに頼芸を追い出して美濃国を領有したが、息子の義龍と戦って敗死した。織田信長は娘婿にあたる。

●垢こすりを家紋に？

見た目が珍しい家紋でいうと、今川家の「赤鳥紋」もそうだ。「赤鳥」とは「垢取」であり、女性が体をこすって垢を取る、櫛のような形をした道具だ。

こんなものがなぜ、家紋の意匠として採用されたのか？　理由は簡単で「神の声」だ。

用いるようになったのは、今川家の3代目・範国。※彼が駿河（静岡県）浅間神社で、「赤き鳥と共に軍を進めれば勝ち続けるだろう」という神託を受けたのだ。家紋上部に開いている穴は、鳥の目を表しているのではなく「垢取」に開けられている紐を通す穴。

しかし、穴は鳥の目にも見えるし、櫛の部分が広げた羽のようで、完成度の高いデザインである。

独自の意匠をこらした「片桐違い鷹の羽」（左）と「今川赤鳥」（右）

また、家紋といえばモノクロで、黒地に白かその逆で染められるが「カラーの家紋」も存在する。明智光秀の「水色桔梗」がそうで、染め抜かれた桔梗の花が水色なのだ。もともと、美濃守護だった土岐家の支族である明智家は、旗印を水色に染めて本家と区別していたのだが、それを家紋にも取り入れたのだ。

※今川範国
（1295〜1384）守護大名。今川基氏の子。足利尊氏に協力して戦い、遠江・駿河守護職を与えられる。隠居後も尊氏の求めに応じて出仕した。文化人としても一流で、その面でも足利将軍家に貢献した。

※他家との差別化といえば、独自のこだわりが見えるのが片桐且元。「賤ヶ岳の七本槍」のひとりとして秀吉から厚く信頼され、豊臣家滅亡をぎりぎりまで回避しようとした武将だ。彼の家紋は「片桐違い鷹の羽」。

鷹の羽を家紋に使う家は多く、普通は骨部分を中心に左右に羽がついた状態でデザインされるのだが、片桐家のそれは骨部分の片側にしか羽がない「片切」。これを斜めに交差させている。これは、もともと先祖が「片切」を名乗っており、そこから思いついた図案だともいわれている。

そんな大切な家紋を変えざるを得なかった家もある。

島津家の「十文字」紋は「丸に十文字」というシンプルなデザインで有名だ。実はこれ、戦国末期になって改良されたデザインのようで、もともとは「筆文字の十」という、横棒の右端と縦棒の下端がはねている図案だった。一見すると十字架のように見えるデザインだったが、島津家はキリシタン大名ではなかった。

しかし秀吉の禁教令に配慮する形で手を加えざるをえなかったと言われている。

※他家との差別化
大名家の中には、いくつかの家紋を使い分けていたところも多い。織田信長も「織田木瓜」をはじめ、有名な「永楽通宝銭」や、平家の子孫を称したことから、平家の家紋「揚羽蝶」をアレンジした「織田蝶」、足利家の家紋と酷似した「二引両」ほか、「菊紋」や「桐紋」といった公家社会に広く使われる家紋も併用した。

23 戦国のローカル憲法「分国法」

【条文に「飲み過ぎ禁止」が！】

●「分国法」が作られた背景

戦国時代は、ご存じのように各大名家が統括する支配地域がひとつの「国」であり、日本国内に数多くの「国」が存在しているような状態だった。

奈良時代に始まる「律令制度」※によって、現在の京都府に「山城」や「丹波」、東京と埼玉であれば「武蔵」などの国が作られ、武家社会が成立すると各国に「守護」が置かれてはいたが、実力本位の戦国時代には、そういった旧来型の「国」という境界線は、半ば意味を失っていたといえる。

そして、各大名家が支配力を強化するうえで、欠かせなかったのが独自の法体系を整備することだった。その代表的な手法が「分国法」の制定である。こう書くと、どんな大名も「分国法」を制定したように思われるかもしれないが、実は明文化されて後世に伝わる

※律令制度
「律令」に基づく古代国家の統治体制。中国では隋・唐の時代、日本では奈良時代を中心として行われた。中央集権制度の一種で、巨大な官僚機構による直接統治に特徴がある。

「分国法」を持っていた大名家のほうが少数派だ。

というのも、法律を作って規律を強める必要性に迫られていたのは、現在進行形で〝お家の危機〟に瀕する大名家だったからだ。一方、そんな心配がない大名家は、今後について深刻に捉えていないから、法整備を進めようとはしなかった。

だから、現在に伝わる「分国法」の制定のタイミングは、国として重大な危難が訪れている時期に集中しており、条文も騒乱の火種を除く目的のものが多い。

トラブルは大名家の数だけあるわけだから、結果的に独自性が高まってユニークな「分国法」が生まれることになる。そこが面白いところだ。

また、「分国法」のように支配領域内に広く知らしめられた法律ばかりではなく「血判状」※や「連判起請文」のような形で、主君と家臣の間で取り決められた、適用範囲が狭い法律もあった。

こちらも主君の絶対化や、家臣が取るべき奉公の方法などを取り決めたものだから狭義の「分国法」といえるかもしれない。

実力で国を作ってしまった戦国大名も、規模が大きくなると法律で家中を縛らざるを得なくなったのだ。

大内家…	大内家壁書
朝倉家…	朝倉孝景上条
今川家…	今川仮名目録
伊達家…	塵芥集
武田家…	甲州法度次第
結城家…	結城氏新法度

戦国時代に制定された主な分国法

※血判状
内容に誓いを立てるため、署名のうえ、自分の血液で捺印した文章。正式な血判状は熊野神社の総本山が発行する誓紙を用いる。その場合、誓いを破ると熊野の守り神である八咫烏（やたがらす）が死に、誓いを破ったものも命を落とすとされる。

●戦国時代の危機意識

まずは「分国法」の条文の中で、各大名家でさほど違いがないものから見ていこう。各家に共通している文言を見ることで、この時代に国を見舞うトラブルの要因として何が多かったのかが分かるから、時代の理解に大いに役立つ。

明文化されていないものもあるが、多くの大名家でいの一番に掲げられていたのが「農民の保護」だった。かの豊臣秀吉も「給人も百姓も成り立ち候様に」とお触れを出していたほどで、武士階級の収入源は結局、彼ら農民が作る米や野菜なのだから、当然といえば当然だ。農地を捨てて逃げ出したりしないように、制約は与えるけれど縛り過ぎない、というのが肝要だった。

また、旧来の権力を否定し、自分たちこそが国の頂点に立つのだ、という戦国時代の気風が感じられる例もある。「今川仮名目録追加二十一条」※がそれで、今川義元が父・氏親が制定した「分国法」に条文を追加したものだ。

ここで義元は「守護の使いでも立ち入りを禁じられた（守護使不入）地域だろうと、今川家の指示に背くことは許されない」と謳っている。「守護使不入」は足利幕府のお墨付きなのだが、今川家の支配権はさらにその上を行く、という宣言だ。今川家の荒い鼻息が聞こえてきそうな勇ましさを感じないだろうか。

また、籠城戦の心構えにもユニークなものがある。城内に不用意に放置した糞尿は、伝

※今川仮名目録
追加する前の「今川仮名目録」は東国では最古の分国法になる。制定したときは氏親は病床にあり、家を安定させたいというのが作った動機だと思われる。本文で述べたように、条文には幕府の権威を否定するかのような部分もあり、この「分国法」制定をもって、今川家が守護大名から戦国大名へと脱皮したと考えられている。

染病の原因になると経験則で知っていたのだろう。「城外に敵の矢が届かない場所を見つけて捨てよ」などのルールが定められていた。ちなみに当時のフランスなどは窓から街路に向かって糞尿を投げやっていた時代。日本人の衛生観念の高さがうかがえる。

また、「道を往来するときは辻に気をつけよ」などという警告もあった。恐ろしい話だが当時は「人買い」が横行しており、誘拐される可能性が高いのは道が交差する辻だった。

かつての今川家本拠・駿府城。徳川家の手が入っており面影はない

ちなみに戦国大名の中でも「人買い」に熱心だったのが上杉謙信。領民を連れ去ることは、敵の国力低下に直結する。当時は珍しくない戦術だったのだが、そんな人物を後世〝正義のために戦う義将〟※と持てはやしているのだから、面白い。

さて、大名家が合戦で恐れたことのひとつに「同士討ち」がある。混乱した戦況で起こるから被害が拡大するし、亡くなった者の名誉にかかわる。

これを避けるために各家とも工夫を凝らしていたのだが、伊達家は分国法「塵芥集」の中で画期的な条文を盛り込む。制定したのは、「独眼竜」政宗の曽祖父

※正義のために戦う義将
現代の「正義」に当てはめると「弱者を助けるために戦った」と解釈されがちだが、謙信が大事にしたのは足利幕府の役職に伴う義務であったり、将軍家であったり、同盟相手との義理であった。他の大名が、そういったものを足蹴にする中ひとり律儀に戦ったので「正義」のイメージが付いたのだろう。

大内家の隆盛と衰亡の象徴・大内義隆

にあたる稙宗で、全部で169条からなる。

作成時期に比べて先進的な思想が読み取れる「分国法」なのだが、この中では「同士討ち」によって発生した死亡も「名誉の戦死とみなす」と定めている。

稙宗はこの頃、それまで足利幕府にはなかった「陸奥守護」という肩書きを獲得したばかりであり、領内の人心掌握に繋げる狙いがあったものと思われる。戦場で死んでしまったものはそれまでだが、その死が「名誉の戦死」と認められるかどうかは、戦死者の遺族にとって重大な問題だったのである。以後は全国的にも、この方針が主流となっていったという。

●「飲み会禁止」条例？

次に、オリジナリティ※溢れる条文も見てみよう。

西国きっての名門・大内家には「大内家壁書」という法律があった。ここで書かれている禁止事項になんと「カルタ遊び」の文言が。大内家の当主は京都に滞在することが多く、領内にも京都風の文化が根付いていた。特に本拠地の山口は「小京都」と呼ばれたほどで、

※オリジナリティ
大内家のライバル・毛利家も負けず劣らずオリジナリティのある条文を制定している。他人の飼う家畜が、勝手に自分の家で草を食むことに悩まされる領民が多かったようで、「牛馬が草を食べても持ち主がわかるなら返すこと。ただし、3回繰り返されたら、その牛馬を自分のものとしてよい」という条文があった。さらに変わり種なのが「六角氏式目」。主君の専制に手を焼いた重臣一同が、主君に自制を促すために作成、認めさせたものだった。

「カルタ」という最新の娯楽も取り入れていたのだが、これは当時ギャンブルであり、熱を上げる領民が増えては仕事にならず、国家存続の危機であった。そこで時の当主・義長は禁止する必要に迫られたのだ……。

最も〝勢い〟がある「分国法」は、間違いなく結城政勝が制定した106条からなる「結城氏新法度」だ。政勝が家臣へ語り掛ける形式なのだが、時折、激昂するかのような文章が散りばめてられており、いかにイライラしながら条文を作成していたがわかる。

大内家と同じく領内のギャンブルブームに悩んでいた政勝。当然、これを禁ずるのだが破った時の罰則が何と「身分によらず軍勢を派遣する」。また、質素倹約を掲げて「酒宴は一汁三菜で」とするのだが、これは「主君である自分が相手の場合でも適用せよ」とあり、破ると政勝は「席を蹴って帰る」……。

また、容量をごまかして酒を販売した商人には「酒を造らせない」など、罰則と呼ぶには幼稚すぎる条文も目に付く。酒関連でいえば「飲みすぎて吐くのは見苦しいから酒宴禁止」なる条文まである。もはや勢いで作成したとしか思えない。酒に関して、なにかよほど癪に障ることがあったようだ。

これほど多岐にわたって禁止事項をもうけなければならないほど、結城領の規律が緩んでいたとの見方もできるが、もともと結城家は足利幕府の鎌倉公方の家臣から戦国大名化した身分。なんとか「分国法」で領内を安定※させたかったのだろう。

※領内を安定
「結城氏新法度」の前文には「当家にとっての重大事が5年にも及び、当家の判決に不平を言ったり陰口を叩いたり力ずくで主張を通そうとするケースが多いので制定する」と書いてある。

24 【世界遺産を使い捨てに】戦国の城の本当の姿とは？

●城は軍政の中心であり大名の住居

現在、「日本のお城」といえば、イメージされるのは雄大な天守閣と広大な曲輪、それらを取り巻くように塀や櫓があり、水をたたえたお堀があって、土台には石垣が高く積まれている……こうした姿を想像するだろう。

しかし、実はこうした姿の城は戦国時代には一般的ではなかった。

右のようなものは太平の世が訪れた江戸時代以降に建築された、藩主の居城である。遠くまで見渡せる天守閣がスタンダードになっていくのは、織田信長が壮大な安土城を建設して以降のことだし、姫路城※に代表される漆喰を用いた白壁は、豊臣秀吉が聚楽第で用いて以降に広まったもので、どちらも戦国時代のごく末期のものだ。

そもそも軍事拠点の外壁を、遠くからでも見えるような純白で塗る必要はないわけで、

※姫路城
兵庫県姫路市の北の姫山、鷺山を中心に築かれた平山城で、日本における近世城郭の代表的存在。江戸時代以前に建設された天守閣が残っている数少ない城のひとつ。ユネスコ世界遺産に登録されている。

城といえば黒が相場だったのだ。火矢による類焼を防ぐために用いられた塗料が、黒かったという理由もある。秀吉は攻め込まれる心配をせずに済み、また反逆されたところで大坂城まで攻め込まれないという、絶対的な自信を誇示するために、いわば〝常識外れ〟の純白の漆喰で塗り固めたのだった。

白漆喰で塗り固められた美しさから「白鷺城」の異名をとる姫路城

もともと城は、一帯を支配する大名の軍事拠点であることが最優先、中央官庁や住居としての機能は二の次。ただ江戸時代以降は後者の利用がほとんど。

そうなると領主としての威信を示すモニュメントとしての機能にデザインが傾き、軍事的な実用性が忘れられていったのも自然な流れだろう。

一方で戦国時代の城は、立地条件もそうだし、敷地内の建造物の配置や周辺施設との連絡なども、軍事的に計算し尽くされている。

塀の内側から鉄砲や矢を浴びせる穴「狭間」※が射角を確保し、防御力を高めるために外側に広く内側に狭く作られているなど「最後の砦」として敵と戦うための工夫が随所に見られる。

※狭間
使う武器によって矢狭間・鉄砲狭間・大砲狭間に分かれ、それぞれ穴の大きさや形状が違う。普段は漆喰で偽装し、有事には破って「狭間」になる「隠し狭間」も存在する。

●戦国の城は基本〝使い捨て〟だった

そして、江戸時代の城と戦国時代のそれとの最も大きな違いは、戦国の城は基本的に〝使い捨て〟だったということ。城に居館は据えても定住して「終の棲家」にする考えはなく、平時の居館は別の場所に設けられていた。

モニュメントとしての機能が考慮にないので「子々孫々に伝える」「後世に残す」という発想も希薄。状況に応じて様々なタイプの城を造り、不要になれば遠慮なく放置したり破却した。何事も「実用性本位」な戦国時代らしい発想である。

例えば大坂城だ。豊臣秀吉が心血を注いで造り上げた天下無双の城を、徳川家康は無残に破却してしまった。家康としては、秀吉の威光に繋がるものは残らず破壊してしまいたいという欲求があったにせよ、名城を再利用する選択肢※もあったはずだ。

また信長が築いたとされる勇壮な安土城は、「本能寺の変」後のどさくさで何者かの手によって焼き払われてしまった。天下の名城もこんな扱いだから、江戸時代以前の姿をとどめている城郭というのは、とんでもなく貴重※なのである。

当時は廃城となった城から使える部材を運び出し、再利用することもあったが、これこそ城が永続性を求められない〝道具〟でしかなかったことを物語っているだろう。実用品だからこそ、利用価値が認められなければ、始末される運命なのである。

使い捨てだから天守閣を建てなかった城も多かったし、石垣にしても設計し、石材を切

※再利用する選択肢
もっとも秀吉の大坂城は、最新兵器である大砲に対する備えが不十分な構造だったから、「大坂の陣」のころにはすでに、時代遅れの代物になっていたのも事実ではある。

※貴重
これは同じく使い捨てに等しい消耗品だった甲冑とも相通じるところがある。どちらも今日まで現存、国宝や文化財に指定されているものは、江戸時代以降のものが多い。

り出し、運び込み、組み上げる時間と労力がもったいない。

　東京の江戸城の印象が強いから、堀といえば水が流れているものだと考えがちだが、戦国時代の城には必須のものではなかった。空堀ならザクザクと土を掘ればいいだけだから簡単だし、掘った土を積み上げて足踏みすれば土塁※になる。

何度も戦火や災害に遭いながらも、その度に再建された大坂城

　水運などに利用するつもりがなく、敵を足止めできれば十分なら、短期間で効果的な遮蔽物を作れる空堀のほうが、水堀よりも効率が良い。

　私たちは、どうしても現存するものから当時を類推してしまう。時代とともに「壊されない」江戸時代型の城が増えていくから、それがあたかも戦国時代の光景かのように、錯覚してしまうのだ。

●戦国〝城の進化論〟の大誤解

　錯覚といえば、いまだに日本の城は「山城」「平山城」「平城」の順に進化を遂げたように誤解されている。つまり、峻険な地形で敵と戦うために造られた城が、次第に都市機能に組み込まれていき、最終的には

※土塁
通常、土塁は城から張り出した防御線「曲輪」に沿って盛られる。天辺には人馬が通行可能な「馬踏」があり、内側にも守備隊が動く「武者走り」があった。

津山城、姫路城と並ぶ「日本三大平山城」のひとつ、愛媛県の松山城

平地に降りてきた……という説明である。

確かに山上から、だんだん下に降りてくるというのは、わかりやすい構図ではあるが、実情とは異なっている。確かに江戸時代以降に造られた城は、中央官庁としての機能が優先されるため、平地に築かれることが多かった。

かといって、戦国時代の主流が「山城」だったかというとそんなことはなく、先に述べたように適する立地であれば山上であろうが平野であろうが、どこでも※建造していたのが、戦国の世というものだ。

また、江戸時代に「山城」に手を付けた大名がいなかったわけではなく、「日本三大山城」のひとつとされる備中松山城が大改修を施されたのは、江戸幕府5代将軍・綱吉の時代だ。「日本三大平山城」に数えられることもある和歌山城も江戸時代の建築。これらを見るだけでも単純な「城進化論」が誤解であることがわかる。

東京・八王子にある八王子城は典型的な「戦国山城」と言われることが多い。だが、築城した北条氏照がその地に着目したのは、防御施設としての地の利だけではなく、甲斐

※どこでも
山間を縫うように、相手をけん制する意味で付け城を築く場合などは、あちこちの尾根などに林立させるようなこともあった。また、うまく自然の地形を取り入れて海水や河川を活用した城を指して、「水城（海城）」という区分を用いる場合もある。

（山梨県）と江戸湾を結ぶ要衝であり、北に向かえば弟の氏邦が支配する秩父地方に通じ、そのまま南下すれば相模湾に出るという「交通の便」の良さ。北条家の各地に散らばる拠点との交通を考えた、まさしく戦国時代的な必要に応じた※築城地の選定である。

しかも、氏照がこの「山城」を本格的に拠点として使い出すのは、秀吉による小田原攻めがはじまる数年前。「山城」が滅んでいくはずの戦国末期に近かったのだ。つまり、この時代になっても「山城」「平山城」に分類される城は各地で築かれていたし、それらは現代に遺構となって残され、今日では観光スポットになっていたりする。

どの事実を採っても短絡的な「城進化論」には分がよろしくない。

また、「山城」「平山城」「平城」という区分法も根拠が曖昧で、海抜ゼロメートルからの「標高」を使うか、山と見なすための起点となる、山の始まりをゼロメートルとした「比高」を使うかで、分類が変動してしまうこともある。

戦国時代の城を楽しむ時は「中世的な戦いのために築かれた山城が、時代を経て絶滅し、近代的な平城へと変遷した」といった進歩主義的な迷信を捨て、当時の人々の目線になってみた方が、より理解が深まるだろう。

※築城地の選定
山城の消滅は「一国一城令」を打ち出した幕府の方針も関わっている。これによって各地の山城は破却せざるを得なくなる。それでも、江戸時代においても大名の居城が山麓沿いにあったりするなど、「山城」的な様式が絶滅したわけではなかった。

25 【戦国の内閣府参与たち】元将軍までいた「御伽衆」の正体

●「御伽衆」の前身は室町幕府に

現代の内閣には、「内閣府参与」※という役職がある。メンバーを見ると元大物秘書や、元外交官、有名大学の教授などが名を連ねる、豪華なものである。彼らが何をするかといえば、政党や官庁の枠外にあって、自らの経験や知見から直接、総理大臣にアドバイスを送るのだ。総理大臣からすると政治家や官僚は何かしらの勢力の影響下にあるから、心から信頼できない部分があるが、参与は直属の「ブレーン」だから心置きなく相談ができる。

面白いことに、戦国時代にも「御伽衆」と呼ばれる「内閣府参与」のような役割を果たす人々がいた。「御伽衆」というと、お伽話でも話すようなメルヘンチックな響きがあるが、彼らは簡単に言えば政治顧問であり話し相手で、時には政策提言も行った。

この役割は室町幕府時代の、「御相伴衆」という名前に原形を見ることができる。将軍

※内閣府参与
内閣によっては、政策を左右するような提言を行なうこともある。例えば、第二次安倍晋三内閣の金融経済政策「アベノミクス」は、内閣府参与のイェール大学名誉教授・浜田宏一の強い影響下にある。

の側近くにあって話相手になるだけではなく、将軍に随行して各種の会合やイベントに赴く栄誉ある立場だった。当然、相当な格式を備えた人物でなければ務まらず、「管領」を代々務める一族や、有力守護大名しか就任できなかった。

「御相伴衆」の一員であることは、武家社会での身分が非常に高いことを意味したから、席次は「管領の次」という高いものが与えられている。

豊臣秀吉を囲んで評定する様子。「御伽衆」は大名の相談相手だった

初期の「御相伴衆」は、細川家の庶流に畠山家の庶流、それに「四職家」に数えられた赤松、山名、京極、一色の6家しか任じられていない。彼らは一様に強力な発言力・軍事力を持っていた。

つまり当時の「御相伴衆」は功成り名を遂げたベテランが就く相談役というよりは、栄典を受けたバリバリの現役大名が務める名誉職であった。

戦乱の世に入って室町幕府が形骸化すると、「御相伴衆」の価値も下落※していく。

それでも守護大名の武田信虎や大友宗麟、河野通直、今川氏真といった面々や、守護代から一国を支配した朝倉孝景や尼子晴久などの名族出身者、それに北

※価値も下落
幕府権力が弱体化すると、実権を掌握した三好長慶や嫡子の義興が強引に就任することもあったが、それほどまでに、魅力ある地位だったことになる。

条氏康や毛利元就・隆元父子、斎藤義龍など、地方を代表する有力大名にしか就任が許されなかった。

その頃になると、各地の大名家も幕府に倣って自家の人材を「御相伴衆」として用いるようになっていた。基本的には相談役のような役回りを果たす者が多く、隠居した元重臣が〝再雇用〟されたり、落髪した元有力武将などの〝ワケあり〟僧侶※などが就いた。だんだん現在の「内閣府参与」に近づいてきたわけだ。

●豪華な秀吉の「御伽衆」

やがて戦国大名が淘汰され、豊臣秀吉の政権になると、より実践的な「御伽衆」制度がスタートする。秀吉が召抱えた「御伽衆」は、元武将や僧侶だけではなく「内閣府参与」のように商人や茶人といった〝民間人〟が多数含まれていた。

秀吉が幅広く〝ブレーン〟を求めた背景には、農民出身という彼の出自が関わっている。本人に学がないから、専門家を周りに集めて耳学問で補おうとしたのだ。現代の内閣総理大臣が、高度に専門的な人材で側近を固めるのと似ている。

しかしその規模は現代の比ではなく、なんと800人に及ぶ「御伽衆」がいたという。これでは午前と午後にひとりずつ呼び出して話を聞いたとしても、1年で1度しか面談することがない。規模の大きさに秀吉の〝出自コンプレックス〟の深さが垣間見える。

※僧侶
日本では古来より落髪する行為を「自分は世俗とは関わらない」という意思表示とみなす文化がある。いわば権力者としては「あがり」というわけ。逆にカムバックする時に還俗すれば、「自分にはまだ野心も力もある」という宣言になる。

たださすがに天下人が号令をかけただけあって、規模だけではなく質もすごかった。

まず室町幕府最後の将軍・足利義昭。彼は織田信長に京都から追放された後も将軍であり続けたのだが、ついに諦めて出家していた。また、元は主家筋にあたる信長の子・信雄や、弟・信包、また弟で一流の茶人で現在の「有楽町」にその名を残す有楽斎※。

織田家の生き残りをコンプリートする勢いである。織田家から実権を奪い取る形で天下人になった秀吉としては、主家筋を取り込んでおくことで政権の正統性をアピールする狙いがあったと思われる。

また、元近江（滋賀県）守護の六角承禎と義治親子。息子の方は弓の使い手だったため、息子・秀頼の弓術師範にした。不甲斐ない態度で家臣に見放された元因幡（鳥取県）守護の山名豊国も名を連ねた。

秀吉の側近として生涯を終えた足利義昭

彼は黒田官兵衛に「『官兵衛は私が存命の間でも天下を取れる』と、殿下が褒めていましたよ」と考えもなく明かし、官兵衛に「わしは殿下に心から信頼されていないのだな」と悟らせている。

「御伽衆」は秀吉の側近くにいるから、このように思慮の浅い人物を任命してしまうと、政権基盤の強化どころか弱体化に繋がってしまうことも。

※織田有楽斎（1547～1621）
長益。織田、豊臣、徳川家に仕えた武将。信長の弟として各地を転戦し、「本能寺の変」後にしばらくしてから「御伽衆」の一員に。かと思えば「関ヶ原の戦い」では東軍に与し、豊臣家の有力武将を何人も討ち取っている。「大坂の陣」では一転して豊臣家に付いたが、すぐに家康のもとに降って、隠居料として禄を食んだ。戦国屈指の世渡り上手。

●ライバルを「御伽衆」として取り込む

もともとは秀吉の同僚やライバルだった武将たちも、晩年を「御伽衆」として過ごしている。茶道「織部流」の創始者・古田織部や、「清州会議」後に柴田勝家に味方した滝川一益の甥・雄利、信長の古参武将だった金森長近や宮部継潤などが好例だろう。信長に反旗を翻し、しばらく隠遁生活を送っていた荒木村重も、最晩年は秀吉に召し出された。

彼らの役割は様々で、話が上手いものは有識故実についての知識を秀吉に授け、引退した猛将は武勇伝を語って暇つぶしに貢献し、民間人は市井の様子を探って報告したりと色々な情報をもたらしたことだろう。

江戸時代に入っても、大名たちは引き続き「御伽衆」を雇っていたようだが、内政のシステムが整備されて統治制度が確立されてくると、多様な経験や知見は必要とされなくなってゆき、しだいに時代遅れ※の産物となっていった。

有力武将や民間人たちの「第二の人生」といえた「御伽衆」制度だが、彼らは意外な形で後世に影響を与えている。というのも、彼らは自分の話を大名に聞いてもらうために、面白おかしく実体験を脚色して話したので、こうした説話が江戸時代に流行する「講談」のネタ元になっていることが多いという。歴史に名を刻めなかった者たちの再就職先であった「御伽衆」だが、思わぬ形で現代に生き続けることになったのだ。

※時代遅れ
一代で成り上がった豊臣家には代々仕える宿将のような人物がおらず、秀吉は「御伽衆」にそのような役割を期待していた節もある。ある意味では、秀吉が大きく開花させ、秀吉とともに散っていった、時代を映す鏡のような制度が「御伽衆」だったのかもしれない。

26

【たくましさは男顔負け】

戦国の女たちはこんなに強い

●意外に奔放だった性生活？

戦国時代の女性たちといえば、城で大人しく主人の帰りを待ち、他に愛人がいても文句ひとつ言わずただ耐え忍ぶ……そんな人物像が思い浮かぶ。しかし史料には意外に自由奔放に人生を謳歌する女性たちの姿が描かれている。

※1563年に来日したポルトガル人宣教師のルイス・フロイスは、日本人の女性たちが祖国のレディに比べてはるかに〝乱れた〟毎日を送っていることに衝撃を受けている。

彼が日記に書き残したところによると、

「処女の純潔を少しも重んじない。それを欠いても、名誉も失わなければ結婚もできる」

「日本の娘は両親に断りもなく1日でも幾日でも自由に好きなところへ出かける」

「日本の女性は夫に知らせず自由に好きな場所へ行ける」

※1563年に来日
フロイスは、当時の仏教の在り方に疑念を抱いていた織田信長にたいへん重用され、何度も拝謁している。そのためフロイスも信長について数多くの記録を残しており、貴重なものとなっている。

「堕胎が当たり前におこなわれる」

などなど。女性は家に閉じ込められるのが一般的だった当時のヨーロッパ社会とは、あまりにもかけ離れた習俗であった。さらに補足すれば、江戸時代までの日本には男女が奔放に交わる、いわゆる「乱交」の文化が根強く残っていて、村祭りにそれが組み込まれているケースも全国的に確認できる。

江戸の長屋でも女性不足の解消や借金返済のため「女房を貸す」行為が行われていたほどだ。子宝に恵まれない夫婦※（特に妻）がいれば、「乱交」を経て父親が誰だかわからないようにして「神や仏からの授かりもの」として受胎させる行事も各地に存在した。

だが、これらの習慣を「野蛮」と片付けるのは早計だ。現代の我々の貞操観念は明治時代以降に西欧から輸入されたものなのだから、それ以前には日本なりの社会的な必然性があって、右のような習俗が通用していたのである。

ともあれ、戦国時代の女性たちは印象よりずっと自由に振舞っていたことがわかった。

●過酷な運命が待っていることも

一方で、過酷な運命に直面した女性も多かった。武士の家に生まれれば政略結婚の道具にされるし、農民の娘に生まれても戦場に駆り出されて、命を散らすリスクと隣り合わせ。何せ、戦場で無残に命を落とした者のうち、推定3割は女性だったという記録がある。

※子宝に恵まれない夫婦
豊臣秀吉の側室・淀殿も、僧侶などを集めた祈祷の儀式で「乱交」を開催し、そうして宿した子種が「拾」、後の秀頼だったとする説まである。

また、当時の社会は戦場で勝利者となれば「乱捕り」と称して略奪や強姦の権利が認められていたから、逃げ遅れた女性たちは戦場の極限状態や女日照りが続いた雑兵の格好の餌食となってしまった。おそらく、フロイスがいう堕胎の件は、このことが原因だったのではないだろうか。

また、高貴な女性、例えば敵大将の夫人や娘であれば、勝利者側の大将が側女として連れ去ることもあった。武田信玄や大友宗麟、織田信長をはじめ、数多くの武将が勝利者の権利としてこれを行使している。

信玄が敵の妻を側室として生ませた勝頼

武田信玄から側室に迎え入れられて「諏訪御料人」と呼ばれ、後に後継者となる勝頼を生んだのは、信玄に滅ぼされた南信濃（長野県）の名族・諏訪頼重の妻だった。このため勝頼は、武田家の当主の他に「諏訪家の跡取り」という別の顔を持ち合わせることになった。

しかし、当然の権利とはいえ、恨みを買うこともあった。武田家きっての猛将として名を馳せた秋山信友は、陥落させた城から美女として名高い※城主の妻を強奪。ところが彼女は織田信長の叔母だったため、怒りに燃えた信長から激しい逆襲に遭い、捕えられると惨殺されてしまった。

※城主の妻を強奪
もっとも、この一件は後世の創作であるとの説もある（信長に惨殺されたのは事実）。

●城主になった「猛女」も

過酷な境遇にあろうとも、黙って耐え忍ぶだけではなかった女性たちもいる。武家の娘として男勝りな活躍を見せた「猛女」は枚挙に暇がない。

有名なのは「鬼」の異名を取った豊後（大分県）大友家の猛将・立花道雪※の娘だろう。誾千代と名付けられた彼女は、道雪が晩年になってから授かった大切な子宝。しかし跡を継ぐべき男児に恵まれなかったため、男子として厳しく育てられた。

普通であれば然るべき婿養子を取るのだが、さすが「鬼」の娘。「頼りにならない婿をもらうくらいなら、わらわが継ぐ！」と公言し、武芸に通じた女丈夫として成長した。なかなかの美女だったようだが、その気性に恐れをなして誰も婿に名乗り出ない。

しかし、運命の出会いが彼女を待っていた。

道雪と大友家の両輪として活躍していた高橋紹運が、自分の次男を立花家に入れたいと願い出てくるのだ。しかも息子は聡明にして勇猛な若武者だ。

最初は「婿に入るだけなら」と強がっていた誾千代も、やがて夫を認めて家督を委ねた。この男こそ「関ヶ原の戦い」で一度は所領を失いながらも、実力だけで旧領地にカムバックした名将・立花宗茂。

豊臣秀吉から「東の本多忠勝、西の立花宗茂」と絶賛された剛の者であった。

その本多忠勝の娘で、徳川家康の養女として真田信之に嫁いだ小松姫も、父親譲りの豪

※立花道雪
（1513～1585）大友家家臣。幼くして両親を失い、継母によって育てられる。初陣を経て名将に成長し、「車返の戦い」などで功を上げる。一説によると落雷によって下半身不随となりながらも、輿に乗って軍を指揮したという。

胆さを見せつけている。「関ヶ原の戦い」において、夫が東軍側の小松姫は西軍側の義父・義弟にあたる真田昌幸・幸村親子と対立。昌幸は合戦が始まる前に「孫と最後の対面をしたい」と小松姫が夫の留守を預かる城に顔を出した。

すると彼女は、城門の前に立つ義父を一喝！

「すでに敵同士の間柄。交わす言葉はありませぬ。立ち去らぬのなら討ち取るまで！」

槍を手に仁王立ちする嫁を見て、昌幸は「さすが本多家の娘」と感心した。城内に迎え入れられたら、隙を見て乗っ取る腹積もりだったのだ。しかし、まったく取り付く島がない嫁の態度に、かえって安心したという。

小松姫の例は極端だが、夫が出征している間の妻はある種の名代として、家中の結束に貢献したようである。

真田昌幸を一喝してみせた小松姫

彼女らをしのぐ凄まじい生涯を送ったのは井伊直虎。井伊家に婿に入るはずだった許嫁を謀略によって失い、仕方がなく尼から城主へと転身して、女性ながら「直虎」を名乗った。その後は許嫁が結婚前に遺した子を養子として育て上げ※、家康のもとに出仕させて「直政」と名乗らせた。のちに彼は「徳川四天王」のひとりとなる。

※育て上げ
それだけではなく、家康に頼み込んで許嫁を謀略によって殺害した者を処刑してもらい、仇を討った。

●淀殿はとんでもない長身

戦国時代屈指の美女※にして、たくましい女でもあったのが信長の姪で秀吉の側室となった淀殿である。

その気性の激しさばかりが注目される彼女だが、特筆すべきは美しさでもたくましさでもなく、身長であろう。現代に換算すれば、165センチ。平成の世でも「長身美女」の範疇だが、当時の男性の平均身長はなんと150センチである。

並んで立てば頭ひとつ飛び出てしまうような大女である。これは叔父・信長から受け継いだ面もあったようで、信長もまた165センチほどだったという記録が残っている。

秀吉が淀殿にぞっこんだったのは、彼女の母・お市の方の面影が濃かったからだ、と一般に言われているが、もしかしたらかつての主君と同じような体格の「織田家の女」をものにすることで、コンプレックスを解消しようとしていたのかもしれない。

いずれにせよ戦国時代の女性たちは男の都合で振り回されながらも、我々が考えるよりずっと自由に、たくましく生きていたのである。

※美女
戦国時代の美女といえば、淀殿やその母・お市の方や細川ガラシャが思い浮かぶ。ナンバー1は諸説あって決めることは難しそうだが、当時は、「白粉を厚く塗れば塗るほど美しさが増す」という審美眼が支配していた。もしかすると元の顔立ちは二の次だったのかもしれない。

27

【我が生涯に一片の悔いなし】

武将たちはどんな遺書を残した？

●酒で身を亡ぼすケースが多かった

「人間五十年」のフレーズで知られる幸若舞『敦盛』[※]を好んだ武将といえば織田信長だ。

この歌の通り、当時の平均寿命は50代半ばほどで、50歳を超えれば長生きと言われていた。これは医療技術の未発達もあるが、武家生まれかどうかにかかわらず、戦場にあればいつ命を落としても分からなかったためだ。

73歳で生涯を終えた徳川家康はかなりの長寿だし、97歳まで生きた北条家の長老・北条幻庵などは、例外中の例外といえるだろう。

このように「一寸先は闇」だった戦国時代。一瞬の判断ミスが大名家や自身の命運を左右した時代だから、武将にはかなりのストレスがかかっていたはずだ。実際、現在の医療と史料を照らし合わせてみると、戦国武将たちの死因として多いのが「飲酒」。

※敦盛
幸若舞曲の曲名。作者や成立年時は詳しくわかっていない。「源平合戦」において、心ならずも息子と同年代の平敦盛を討つことになった熊谷直実が「無常」を感じ、出家する様を描く。

ストレスを紛らわすために、酒を飲み続けた武将は多かったということだ。

あの「軍神」上杉謙信も、飲酒が健康状態を悪化させた[※]と指摘されている。何せ騎馬で移動中でも「馬上杯」で酒を煽っていたというから、完全な「アル中」である。

他に多かった死因としては各種の癌や高血圧、それに結核が挙げられている。

●信長と似たような最期の言葉を遺した明智光秀

さて、戦場で命を落とすにせよ、畳の上で生涯を全うするにせよ、武将は「遺言」を遺しておくのがマナーである。病で死に至ったり、「辞世の句」を遺すことが許される切腹であれば後世に最後の言葉を伝えることは容易だ。

だが戦死の場合は突然、死がやってくる。家中の者たちに向けて、お家存続のマニュアルを残す用意周到な武将もいたが、そうでない武将は大急ぎで「辞世の句」を遺すか、部下をひとり逃して遺言を託すなど慌ただしいことになる。

「本能寺の変」で信長を討ったはいいものの、豊臣秀吉の「中国大返し」というまさかの展開からあっという間に死に追い込まれた明智光秀は、「山崎の戦い」で敗色濃厚となった時、側近に辞世の句を言い残していたとされる。

五十五年の夢　覚め来たって　一元に帰す

※健康状態を悪化させた　謙信は便所で脳溢血を発症して倒れ、そのまま意識を失って世を去ったとされる。飲酒で高血圧になったところに、越後（新潟県）の寒さ。納得の死因である。

奇しくも死の直前になって、自分が討った信長が好んだフレーズと似た※言葉が口をついて出てきたというのは、興味深い。

その信長に滅ぼされた大名のひとりが、朝倉義景。朝倉家の充実した権力基盤を継ぎながら、信長に次々に出し抜かれ、戦場には出たがらないなど、軟弱さが目立った男だ。

最後は一族の重鎮・景鏡に裏切られて自刃するのだが、この時に詠んだ辞世の詩は「七顛八倒」からはじまり、苦難の連続だった自らの人生を表現した内容となっている。

ところが慌ただしく詩をしたためたものの、切腹しようにも介錯役が見当たらず、館のあちこちを放火しながらようやく側近を見つけて切腹に至った、という辞世そのままの哀れな最期を迎えている。

光秀は信長と同じような境地に至った？

戦国初期にあって、辞世で時代の雰囲気を見事に書き表したのが三浦道寸。

北条早雲や今川義元の父・氏親などと争った武将で、もともとは関東屈指の名門・扇谷上杉氏から三浦家に養子入りした人物だ。

この道寸は北条家との合戦で、実に3年にわたる長期籠城戦を敢行した。そして自身の実家であり、頼みの綱の同盟先・扇谷上杉軍の後詰を待ち

※似た言葉
この前段で光秀は、自分は道理に従っただけだという強い自信をうかがわせる言葉を並べている。それが破れて、夢のような現世から仏のもとへ旅立つ心境を謳ったのだ。

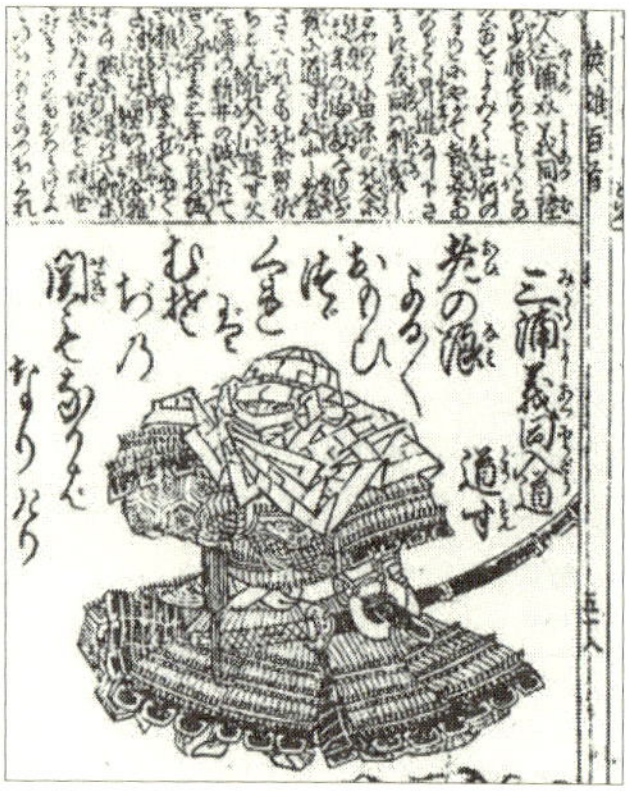
無念の思いを辞世に込めた三浦道寸

続けたのだ。三浦半島の先端で地形を巧みに利用して、糧食なども十二分に蓄えていた新井城に籠もり、敵の疲弊を狙うつもりだった。

ところが援軍は、北条・今川家連合軍の巧みな戦略によって新井城に近付けず、城内の蓄えも底をつく寸前。

「脱出して再起を図ろう」という部下の進言に同意せず、道寸は全員がその場で討ち死にすることを選んだ。その時に詠んだ辞世には、彼の潔さ、世の無常が痛切に表現されている。

討つ者も　討たれる者も　土器《かわらけ》よ　砕けてあとは元の土くれ

●天寿を全うしても辞世は人それぞれ

こうした非業の死を遂げた面々と比べ、思いがけず畳の上で生涯を全うした武将たちは落ち着いて辞世を残しているが、内容は※人によって様々。

「長寿武将」の代表として名前を挙げた家康は、よく「鯛の天ぷらにあたって死んだ」といわれる。しかし、実は食したとされる日と命日が、食中毒にしては離れていることなど

※人によって様々
武将として華々しい戦功をいくつも挙げ、江戸幕府の世でも大名として存続した福島正則は、「わしは弓。敵があるときは重宝だが、敵がなくなれば皮袋に入れられて土蔵にしまわれる。今は太平の世。だからわしは、川中島の土蔵に入れられる」との言葉と共に改易され、この世を去った。

から、現在では「胃がん説」が有力だ。その家康が臨終の間際に発したとされる言葉が、

我この剣をもって長く子孫を鎮護すべし

というもの。力なく病床に伏せった家康だったが、突然近侍の者に「三池典太」という名刀の切れ味を確かめさせると、パッと飛び起き刀を受け取り、素振りを繰り返したのちにこう言い残したというのだ。2日後に家康は亡くなったが、「三池典太」は日光東照宮に奉納され、その西を向いた切っ先が、西国ににらみを利かせ続けたという。

その家康の〝天敵〟といっても良いのが真田昌幸。「関ヶ原の戦い」で西軍に与して徳川軍を散々苦しめ、戦後は次男・幸村と共に高野山麓の九度山に送られた。それから11年。再び世に出ることなく、しかし野心は絶やさぬまま、老衰のため65歳で絶命。

その間際、「今より三年存命せば、秀頼公に従臣して天下を進上せん」と脇に控える息子にキッパリと言い切ったという。昌幸は、今後3年ほどの間に、家康が豊臣家討滅の軍を起こすと予測しており、その際は再び徳川軍の前に立ちはだかるつもりだったのだ。

家康の昌幸への恐れ※は深く、「大坂冬の陣」で真田家の六文銭の旗印が翻ると、彼は即座に「親（昌幸）の方か、子（信繁）の方か？」と口走ったという。

※恐れは深く
一方で、底知れぬ実力を持ちながら徳川家に警戒されぬように立ち回った伊達政宗は、「曇りなき　心の月を先立てて　浮世の闇を照らしてぞ往く」という清々しい辞世を詠んでいる。もっとも、危篤状態に陥ってから臨終までに丸一日を要するなど、この世への執着も凄まじく、その矛盾もまた政宗らしいといえる。

第四章

戦国武将たちの意外な実像

28 信長は無類の「良い人」だった！

【裏切られてもすぐに許した】

●本当に「冷酷非道な革命児」か？

織田信長といえば、誰もが「時代の先端を駆けた革命児」と賞賛する一方で、どうしても「冷酷非道な独裁者」のイメージ※がつきまとう。確かに、伊勢長島の一向一揆と対峙した時は老若男女を問わず2万人に及ぶ信徒を皆殺しにしたといわれているし、通説ほどの被害ではなかったにせよ、「比叡山焼き討ち」では仏閣に火を放っている。

配下の荒木村重が裏切って逃亡すると、城中に残された若き正室をはじめ一族郎党をことごとく惨殺し、見せしめにしたこともよく知られている。

朝倉義景に浅井長政、その父である浅井久政を討ち果たした時は、彼らの頭蓋骨に金箔を施し、盃にして酒を飲んだという逸話も残る。自分に反抗すれば、室町幕府の将軍・足利義昭でも構わず京都から追放してみせた。

※イメージ
「鳴かぬなら　殺してしまえ　ホトトギス」の落首が有名だが、もちろん信長が詠んだわけではない。江戸時代の平戸藩主・松浦静山の随筆が初出である。

また、家中に厳格な競争主義を敷き、脱落した者は功臣といえども容赦なく放逐した。

信長の家督相続に伴って「一のおとな」とされ、筆頭家老にのぼった林秀貞。そして朝倉家を滅ぼした後の宴席で「我らのような優れた家臣に恵まれたために勝てた」と口を滑らせてしまった佐久間信盛※父子。彼らは失態を問われて追放され、さらに信盛には「折檻状」なる欠点を書き連ねた書状を突きつけた。

こうしてみると、なるほど「冷酷非道な独裁者」と評するに相応しい言動だが、実は信長にはそういった印象とは裏腹に、心配りができる「良い人」だったと評価できる面もある。ここでは信長の真の人物像に迫ってみたい。

人を信じたがために失敗している信長

●バラエティ豊かな謀反人たち

信長には一切人を信用しないイメージがあるが、実はそんなことはなく、逆に「すぐに人を信用するから痛い目を見る」タイプであった。

まずは実弟の信勝。

父・信秀の死後、「うつけ者」との風評がたった信長の家督相続に不安を抱いた一部の家臣が、聡明と評判の信勝を担ぐというクーデター騒ぎが

※佐久間信盛（1528〜1582）
織田家家臣。一貫して信長に仕え、各地を転戦し主君からの信頼も厚かった。「三方ヶ原の戦い」に徳川家康への援軍として派遣されたが、さっさと逃亡して以降は失態を繰り返し、身分を奪われ追放された。「退き佐久間」と称され撤退戦を得意としたようだが、「三方ヶ原の戦い」では防戦もせず逃げ帰った。

起きた。この時に、前述した秀貞や、後年、織田家随一の猛将として鳴らす柴田勝家も敵方に回ってしまった。クーデターを鎮圧した信長は、弟も秀貞も勝家も赦免する。まだ権力基盤が脆弱だったから、国内の勢力をなるべく削りたくないという思惑はあっただろう。それでも、全員お咎めなしというのは意外である。

ところが、信長の寛大な処置にもかかわらず、2年後に弟は再びクーデターを起こす。さすがに自刃に追い込まれたが、信長はこの件に懲りず、裏切られ続けることになる。※

可愛い妹を嫁に出し、義弟として信頼していた浅井長政にはあっさりと反旗を翻され、絶体絶命のピンチに陥った。また、庇護していた足利将軍・義昭はコソコソと諸大名に「信長追討」を求める手紙を送るし、従えたはずの三好三人衆にも反乱を起こされ、同盟を結んでいたはずの武田信玄にも縁切りされてしまう。

その才能を見込んで、大抜擢人事で摂津（大阪府）の支配を任せた荒木村重にも謀反されて傷心の信長は、「不満があるなら何でも申してみよ」と情けない手紙を送っている。また、お気に入りの松永久秀が裏切った時には、名物茶器の譲渡を条件で許すなど甘々な顔を見せる。

完全に舐められた信長は、再び久秀に裏切られるのだが、またしても彼は「茶器さえ譲れば許す」と驚くべき寛大さを発揮している。2度目も同じ手を使ったが、今度は久秀が意地を見せて名器「平蜘蛛」とともに爆死した。

※裏切られ続けるラストを飾るのは、もちろん明智光秀。許す、許さないを判断する以前の規模であり、討ち取られてしまった。もし光秀が遠方で反乱を起こしたら、信長はどう対処しただろうか。

●無類のお人好しだった？

こうして信長を裏切った者たちを見ていくと、彼を「冷酷非道」たらしめた残酷な処置は一部に過ぎず、むしろ「お人好し」さを発揮しているケースの方が多いことに気付く。長く信長と親交があって、最後まで裏切らなかったのは、有名どころでは徳川家康と豊臣秀吉くらいではないかと思えるほど、実に多方面からそっぽを向かれている。

同時代に生きた戦国大名でも、これほど何度も謀反を起こされた武将はいない。

信長の覇業が影響を与えた地域の広さ、敵対した大名の数、抱えた家臣の数などが膨大だったことを考慮に入れても、特筆すべき多さである。

織田家以外の大名を見ると、謀反を起こされるパターンはほとんどの場合、その家が滅亡の危機に瀕している時に、一族の重鎮や重臣が当主※にとどめを刺すものである。信長が滅ぼした、朝倉義景や武田勝頼がそれにあたる。

あるいは家督を巡る一族の相克だ。

権力を巡って骨肉の争いを起こすケースで、武田信虎・信玄親子や伊達稙宗・晴宗親子に斎藤道三・義龍親子などが有名だろう。

信長の場合は、弟のケース以外は彼が勢力を確

信長を二度にわたり裏切った松永久秀

※当主にとどめを刺す
武田勝頼が滅亡する間際には、穴山梅雪や小山田信茂など信玄以来の重鎮が次々に離反し、一気に権力基盤が崩壊した。朝倉家の末期には一族の景鏡が反旗を翻し、義景の敗北が決定的となった。

固たるものにしてから起きている。

これが特異な点であり、裏切った者たちは信長が強大だと自覚しつつ、立ち向かっていることになる。

なぜそんなことが起きるのか？

これは簡単で、彼らは信長が「裏切られた時の対処」※について考えない「お人好し」大名だと知っているからなのである。心の準備が不十分なことを知っているからこそ、遠慮なく裏切れるのである。しかも、もし失敗したとしても、村重や久秀のように「なぜ裏切った？」などと間抜けな詰問を受けるだけで、許してくれる可能性もある。

そう仮定すれば、信長が苛烈な処置をとるのも、「お人好し」な性格の裏返しだと理解できる。簡単に人を信用するからこそ、裏切られた時に激怒し、髑髏を盃にしたり、一族郎党を皆殺しにしたりして、見せしめにしているのである。

そして信長が、自身の性格の欠点について最後まで自覚できなかったのは、歴史が示す通りだ。

※裏切れた時の対処
浅井長政に裏切られた「金ヶ崎の退き口」の一件にしろ、「本能寺の変」にしろ、信長には充分な備えができていなかった。一度は生き延びたものの、二度目に死に至ったのである。

29

【同時代人たちとこんなに違う】

女性の好みが変わっていた秀吉

●側室の数３００人！

戦国時代きっての女好きといえば、豊臣秀吉である。あまりに女漁りが過ぎることから、悩んだ正室のおねは「夫の女好きに困っています」と織田信長に直訴※したほど。さすがの信長もこの申し出には閉口してしまった。

秀吉の好みは終始一貫しており、ひと言で表せば「貴種」ということになる。

自分より家格が高い家柄のお嬢様を、次から次へと手籠めにしているのだ。唯一秀吉の子を産んだ淀殿は、信長の姪で主家筋の娘である。実は彼女以外にも、信長の娘・三の丸殿、末弟の娘・姫路殿が側室として召し出されている。

とにかく「美人」との評判が立てば、誰彼構わず食指を伸ばす。誰の妻であろうとお構いなしで呼び出し、それとなく側室になるようにお願いしてしまうのだから、始末に負え

※織田信長に直訴　普通に考えたら非常識で非礼なこの振る舞いなのに、信長はおねをなだめつつ願いを聞き届けると約束し、秀吉にお叱りの手紙を出している。

ない。細川忠興が溺愛していたガラシャ夫人も毒牙にかけられそうになったし、九州の名族・波多家の正室※を狙ったときは、夫に謀反の疑いがあるという理由をつけて軟禁。それでも我が物にならないと見るや、夫婦ともども遠く関東に追放するという、傍若無人な振る舞いを見せている。

戦国時代には没落していたものの、室町幕府の「四職」に数えられた武家の名門・京極家の娘・松の丸殿にとどまらず、信長亡き後、子連れの未亡人となっていた淀殿の実母・お市の方にも懸想していたという。

その側室の人数は一説によると16人だというが、宣教師ルイス・フロイスは『日本史』に、大坂城時代の秀吉が「300人の側室を抱えていた」と書き記している。この調子だと彼を信頼した方が良さそうだ。

中堅の公家で秀吉の関白就任に骨を折った菊亭晴季の娘・一の台は、秀吉の甥で「殺生関白」こと秀次の粛清に連座して命を散らしているが、もともとは秀吉の側室だったともいわれる。

北条家の小田原攻めに臨んでは、「東国一の美女」と名高い成田家※の娘に接近、まんまと側室に迎え入れている。「甲斐姫」と称されるこの女性は男勝りな性格で、忍城の城主で父の氏長が小田原に馳せ参じて留守にしている間は、城主代理として務めを果たしていた武芸の達人でもあった。石田三成が苦労の末に落城させると、すぐさま秀吉の〝魔の手〟

※波多家の正室
彼女自身も北九州に名を馳せた龍造寺家出身だ。

※成田家
この成田氏も関東きっての名門で、上杉謙信が関東管領職を譲られて鎌倉の鶴岡八幡宮に参詣した際、当時の当主・長泰（甲斐姫の祖父）が、「成り上がりの長尾家などより家格が上だ」という理由で、下馬してのあいさつを拒んだというエピソードがある。

が伸びたのだった。こうなると全国を統一したいのではなく、全国の女を物色しているだけなのか、と首を傾げたくなる。

後年、豊臣政権下で五大老に列せられる宇喜多秀家の生母・備前殿も、夫・直家の死後に落髪したにもかかわらず、秀吉に言い寄られたのか（はたまたお家のために自ら言い寄ったのか）側室※に収まっている。

秀吉の目は灯台の下も照らし出す。若い頃からの親友だった前田利家の娘・加賀殿まで、彼にかかれば「側室」の候補。もちろん手に入れている。

彼女らが幼少のころから身につけてきた教養や、家柄というブランドも、いずれも秀吉に欠けているもの。これればかりは、いくら成り上がっても身に纏うことができない。

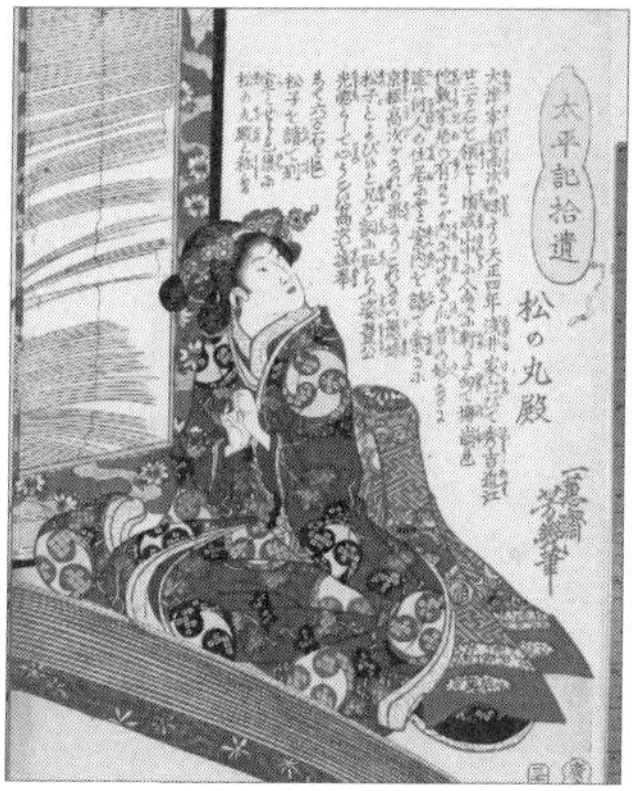

松の丸殿は淀殿の次に寵愛された女性

このコンプレックスを払拭するため、秀吉は必死で数多くの「貴種」の娘を〝征服〟し続けたと見て良いだろう。

実のところ、正室のおねですら、農民あがりの秀吉からすれば、れっきとした武家の生まれというだけで、世間での地位は上だったほどだ。この病的な女漁りは、彼が死ぬまで続いたのである。

※側室に収まった　これが秀家の大抜擢に繋がったとされる。秀家は期待通りに「関ヶ原の戦い」で五大老のひとりとして、西軍の主力部隊を率いた。

側室軍団のトップに立った淀殿

●長浜城時代のことがトラウマに？

しかし、秀吉が狂ったように次から次へと側室を召し出し、日本版ハーレムのような大規模な側室軍団を作り出したのには、彼の趣味以上に、深い訳があったという説がある。

琵琶湖に浮かぶ竹生島にある宝厳寺に、秀吉の家族や家臣の名前が記された奉加帳がある。

長浜城主時代のものだが、ここに「南殿」「石松丸」という名前が記されている。「南殿」の出自は不明だが、これは秀吉の側室であり、彼女が「石松丸」という男児を儲けていた証拠※だというのだ。

2～3歳ぐらいで早世したようだが、なかなか子宝に恵まれなかった秀吉は、このことが胸にいつまでもつっかえていて、「もしかしたら、もう1度……」という期待を抱いて数々の女性と関係を持ったのではないか、とする説だ。

だとすれば、最晩年に授かった秀頼に対する溺愛ぶりもうなずける。

これまで見てきたように、秀吉は、家柄と見た目重視で側室を選んでいる。それは当時の感覚として、常識的な「側室選び」だったのだろうか？　察しがついていると思うが、秀吉は例外中の例外である。

※証拠
また、滋賀県長浜市の妙法寺には羽柴秀勝像とされる6～7歳の男児を描いた肖像画が所蔵されている（現在は焼失）。他に供養塔もあるし、法名も決められている。

●容姿よりも健康さを重視

戦国時代の武将たちは「正室は相応の家柄から迎える」という不文律に縛られていた。例えば武田信玄は京都の公家（三条家）から正室を迎えているし、徳川家康は主家筋である今川家の養女（築山殿）を迎えている。嫁選びは家の格に関わる問題なのだ。

ところが、側室となると選考基準が全く違う。側室を置く唯一にして最大の理由は「世継ぎを生んでもらうこと」だったからだ。正室が男児をもうけてくれれば問題ない※が、首尾よくいかなかったときのための〝保険〟が側室である。

出生前診断がなかった当時は、誕生前には性別がわからなかったし、生まれたとしても秀吉の息子のように幼くして早世する恐れもあるから、自分の遺伝子を持つ子どもは、いくらいても多過ぎることはなかったのだ。

そして、子どもを産むために仕える側室たちを選ぶにあたっては、その美しさや肩書きよりも、母体の状態こそ注目すべきポイントだった。

「世継ぎを生めること」の第一条件は「健康であること」。屋敷の奥で大切に育てられてきた令嬢よりも、農家の娘など日常生活の中で鍛えられて、頑健な身体に育った女性の方が当然側室には向いている。現代でも言われることだが、お尻が大きいことは「安産体型」だという評価があったから、側室に選ばれるのは農民や町人などの娘で、下半身ががっしりした女性が多かったのだ。

※問題ない
運良く正室が次々に世継ぎを生むと、側室が必要なくなることから、夫婦仲は深まるケースが多かった。宇喜多秀家は前田利家の四女・豪姫を正室に迎え、生涯側室をもうけなかった。

さらに、その側室選びの基準を〝進化〟させたのが家康だ。

彼は夫がいない後家を好み、その中でも「出産経験者かどうか」を重視して世継ぎ誕生の可能性を高めるように努めている。この場合も、家柄や容姿は二の次。とにかく腰回りの肉付きが良く、健康な女性を召し出している。

この努力が奏功したのか、家康は秀吉と比べてはるかに多い子ども※を授かることができた。驚くのは、江戸時代に成立する御三家の開祖たち（義直・頼宣・頼房）は家康の子で、系譜上は3代将軍・家光の叔父にあたるのだが、彼らにほとんど年齢差がないことだ。

60歳を過ぎても子宝に恵まれたのは、それだけ家康に体力があったことの現れだが、できるだけチャンスを活かし〝無駄撃ち〟を避けたのも成功した要因であろう。

※はるかに多い子ども
家康の子どもの総数は、夭折も含めて男子12名・女子6名。合計18人という「ビッグ・ダディ」ぶりだ。

30 【苦労人に仕立て上げられた】イメージほど苦労していない家康

●人質のはずが好待遇

「人生は重荷を背負いて、長き道を行くが如し」

家康が記したとされる人生訓※の一部である。彼は一般に忍耐を続けて、「歴史の勝利者になった天下人」と評価されている。少年時代を人質として過ごし、独立してからも焦らず機が熟するのを待ち、ついには天下統一を果たしたという生涯から、「艱難辛苦」、「隠忍自重」、はたまた「臥薪嘗胆」といった四字熟語がよく似合う人物像である。

しかし、彼は本当に苦労だらけの半生を送っていたのだろうか？

家康は三河（愛知県）で勢力を伸ばした松平家の嫡子。ところが飛ぶ鳥を落とす勢いで戦乱の世を駆け抜けた祖父・清康が横死すると、幼くして跡を継いだ父・広忠は次第に東の隣国・遠江、駿河（静岡県）を支配する今川家に圧迫されるようになる。

※人生訓
「急ぐべからず　不自由を常と思えば　不足なし　心に望みおこらば　困窮し足る時を思い出すべし　堪忍は無事長久の基　怒りを敵と思え　勝つことばかり知りて　負くるを知らざれば　害その身に至る　己を責めて　人を責むるな　及ばざるは　過ぎたるに　勝れり」と続く。

今川家の英才教育を受けた家康

同時に、西の隣国・尾張（愛知県）の織田信秀も進出してくる。そこで広忠は今川家と同盟するべく、嫡男・竹千代（後の家康）を人質として駿河に送ろうとするのだが、あろうことか織田家に奪われることに。

竹千代が今川家の人質という〝あるべき姿〟に戻れたのは、今川家と織田家の合戦の結果だ。今川家は織田信長の兄※・信広を捕虜にすることに成功し、人質交換によって竹千代を取り戻してくれたのだ。

この大殊勲を上げたのが、今川家を支える大黒柱にして義元の右腕・太原雪斎。彼は義元が「花倉の乱」で兄に勝利して家督を継承するうえで、重要な役回りを担った人物であり、当代一流の知識人だった。

軍略にも造詣が深く、今川家を背負う義元からは、「人生の師」として重んじられていた。彼のおかげで義元は武士のたしなみに加え、京都の文化も吸収し、「海道一の弓取り」と称される名将に成長したのだ。

その雪斎は、幼くして戦国の荒波に揉まれている竹千代にも教育を授けた。今川家の筆頭家臣に帝王学を習うということは、紛うことなき「英才教育」である。人質として粗略

※織田信長の兄
信広は側室の子どもであったため、家督を継ぐことができなかった。

な扱いに歯を食いしばって耐えていたはずだが、随分と贅沢な好待遇である。

●外出も遊ぶのも自由

人質というと、自由を奪われて厳しい監視下に置かれ、軟禁生活を強いられている様子を想像する。しかし竹千代の場合は違っていた。駿府の近くであれば自由に遊び歩けたし、鷹狩りに興じることもできた。

では孤独かと思いきや、松平家の家臣が側近くに仕えている。それも一人ではない。後に「徳川四天王」の筆頭に数えられる酒井忠次や、同い年で遊び相手の平岩親吉など計7人が御曹司を守っていた。

年頃になると、今度は今川一門の娘（義元の養女）、築山殿を嫁としてもらった。ゆくゆくは対織田家の前線に立たせる算段があったとはいえ、落日の小領主の子どもに過ぎない少年にとっては、身に余る栄誉である。それもこれも優秀な竹千代が将来、今川家を支えてくれるだろうという目論見に立ってのことだ。

その竹千代の才能も雪斎※の英才教育の成果かもしれないわけで、すでに人質の枠を超えて「一門衆」として迎えられつつあった。この幼少期を、一般にイメージされるような「暗くて悲惨なもの」と表現するのはかなり無理がある。

客観的に見れば「快活な少年時代」という言葉の方がしっくりくる。

※雪斎の英才教育
竹千代の教育については雪斎が関与していないとの説もある。

家康に冷遇され、ついには殺されてしまった築山殿の墓

●恩を仇で返す？

家康が大名として雄飛するのは「桶狭間の戦い」の後だ。彼を国元で育て、妻を与えた義元の死を、家康は好機と捉えて今川領を切り取りにかかるのだ。

これを「積年の屈辱※をようやく晴らす！」と表現するのは今川家がやや気の毒である。恩を仇で返したと見られても仕方なかろう。

哀れなのは、妻で義元の養女・築山殿で、今川家が没落すると「待ってました」とばかりに家康に幽閉され、後にその子・信康と共に謀反の疑いをかけられて殺されてしまうのだ。

これについては、信康に嫁いできた信長の娘・五徳が、父に「築山殿と信康が武田家に通じている」と讒言した結果、家康が〝泣く泣く〟妻子を粛清したことになっている。

しかし、幽閉されていた築山殿が、そんな大それた謀略の首謀者になるのは無理があるし、娘の報告くらいで同盟相手の正室と嫡男の粛清を命じるほど、信長は無茶苦茶な男ではない。真相は、家康と信康の間に深刻な対立が生じており、その争いに築山殿が巻き込

※積年の屈辱
屈辱といえば、家康が武田信玄に「三方ヶ原の戦い」で惨敗し、いたくプライドを傷つけられたという話がある。この時に家康は恐怖のあまり逃げる馬上で脱糞したとされるが、当時の鎧は即座に糞尿ができる構造になっていたため、常識的な行動であるとの指摘もあるという。

まれる形で悲劇に至ったようだ。

　このように、史実を辿ればそこまでの苦労人とはいえない家康が、後世には無理やり「忍耐の人」「可哀想な人」と祭り上げられたのは、やはり江戸幕府の開祖だからだ。「東照大権現」として神になった家康が、他の大名のように恩を仇で返したり、内輪揉めで肉親を殺したりしていたのでは、都合が悪いというわけだ。

　そんな「家康苦労人」説のとばっちりを受けているのが〝妖刀〟「村正」である。

　家康の祖父を切りつけた刀が「村正」なら、父が家臣に寝首をかかれた時の刀も「村正」、家康が誤って手指を切った小刀※も「村正」――という具合に、「村正」作の刀が徳川家を呪っているかのように災禍を与え続けている、とささやかれているのだ。

　しかし、これも後世の俗説に過ぎない。

　もともと家康は「村正」の作風があまり気に入らなかったようで、手に入ると率先して家臣に分け与えていた。

　こうして将軍家の手元には置かれない、冷遇されたブランドとなったのだが、その話に尾ひれがついて、人々は「徳川家は『村正』に呪われるのが嫌で手放すのだ」と勘違い。「妖刀」として世間に認知されるようになってしまったのだ。

※小刀
そもそも現代でいうカッターナイフのような小刀は「村正」には存在しないし、推定されている「村正」の作刀年代からしても、清康を斬ったなどということは起こり得ないという研究もある。

31

豊臣家は黒田官兵衛だけじゃない

【古参の右腕と優秀な弟の存在】

●官兵衛だけが秀吉の「軍師」か

官兵衛といえば「軍師」。

そのまま『軍師　官兵衛』※のタイトルで、２０１４年のＮＨＫ大河ドラマの主人公になっている。この時代に「軍師」なる役割が存在しなかったことは、すでに本書に書いたが後世の「軍師」の定義、「主君の側近くにあって、天下の戦略を献策するナンバー２」に従えば、彼こそが豊臣秀吉の天下獲りの絵を描いた大功労者ということになる。

しかし、全国を統べるまでに巨大化した組織を、たったひとりの頭脳で動かし続けることができるのだろうか？　何でもかんでも官兵衛が天下統一事業に関わる政策を考案し、手掛けたというのは無理がある。

「ずば抜けて優秀なナンバー２」が「軍師」として主君を支えたというのは、後世の「軍

※『軍師　官兵衛』
２０１４年のＮＨＫ大河ドラマで主役に選ばれた黒田官兵衛。タイトルに「軍師」を大々的に掲げてしまったからか、劇中では、執拗に当時は存在しない「軍師」という言葉が使われ、時代考証もヘッタくれもない会話が飛び交ったのも記憶に新しい。

師」観の弊害のひとつであり、たくさんのブレーンが集団となって大名を助けていたのが現実である。徳川家康には、本多正信のような頭脳明晰な吏僚に加え、南光坊天海や金地院崇伝のような豊かな学識を持つ高僧、内政面でも能力を発揮した榊原康政などの武将がいた。

信長でいえば、明智光秀や細川藤孝などの学識に富んだ武将や、ルイス・フロイスのような外国人、情報収集能力に長けた堺の商人などをブレーンとして従えていた。

秀吉の場合はどうだったのだろうか。竹中半兵衛※、官兵衛の「両兵衛」のせいで霞んでいるが、彼にもまた若い頃から苦楽を共に過ごしたブレーンがいた。

代表的な人物としては実弟の秀長と、兄貴分の蜂須賀小六が挙げられる。

神格化が進んでいる黒田官兵衛

●秀長・小六こそ古参「軍師」

秀長（小一郎）は、秀吉の郷里・尾張（愛知県）中村で農業に従事していた。野望に燃える兄はひょっこり帰省するや「家臣になってくれ」と弟にせがむ。

はじめは断っていたものの、最後は根負けして家臣となる。秀吉にとって最古参の家来なのだ。

※竹中半兵衛
（1544〜1579）官兵衛と並んで「両兵衛」と称された秀吉の軍師。はじめ織田家と敵対関係にあった美濃斎藤家に仕えていたが、凡庸な主君に嫌気が差したのか、わずか十数人で斎藤家の本拠地を奪取してしまう（すぐに返還）。斎藤家が滅んだ後は織田信長のもと秀吉に仕え、数々の献策を行った。中国攻略の陣中で若くして病死。

彼は実弟ながら、出過ぎることなく秀吉のために骨を折り、身を挺して諫言することもしばしばだったという。そのため秀吉の天下が実現すると「公儀のことは秀長に」とお墨付きを与えられるほどに信頼されていた。所領が大坂や京都に近い大和（奈良県）にあったことにも、秀長に寄せる期待の大きさが現れている。

残念ながら、兄に先立って病死してしまうのだが、彼があと数年でも長生きしていれば豊臣政権の行く末も違ったものになったと言われている。

秀長が亡くなってすぐに起きたのが、関白・豊臣秀次の切腹事件※である。秀吉はいったん甥の秀次を後継者としていたのだが、実子の秀頼が生まれたことで秀次の立場が危うくなっていた。本人もそれを察して秀長に取りなしを頼んでいたのだが、彼の死でそれも叶わなくなってしまった。

我が子に関白の座を譲りたいという「親馬鹿」思考に凝り固まった秀吉は、あっという間に甥の粛清にかかる。１５９５年、謀反の疑いをかけられた秀次は切腹に追い込まれてしまい、妻子や側近もまとめて斬殺されてしまった。

官兵衛が本当に豊臣政権の柱石であったのなら、この事態を黙って見ていたはずがない。しかし秀次は懇意だった官兵衛を頼った形跡もないし、彼が事態の収拾に動いたという史料も見当たらない。このあたりに官兵衛の才覚の限界を感じざるを得ない。

また、秀長を失ったことで秀吉を止める者がいなくなったのが「朝鮮出兵」作戦である。

※切腹事件
真相は未だにはっきりせず、「秀吉の側室を秀次が横取りした」「秀次が勝手に公金を大名に貸しつけた」「秀次の所業が常軌を逸していた」「秀次からの借金を苦にした毛利家が讒言をした」など諸説ある。

これも秀長は生前、「無謀」だとして強く諫め続け、徳川家康などの有力大名とも、共同歩調を取っていた。ところが秀長が死んでしまうと、これまた急転直下、暴挙の実現に向けて動き出す。官兵衛もまた「無謀」だとして秀長や家康と反対に回っていたが、彼の進言が秀吉を動かすことはなかった。

秀吉と小六の出会いを描いた絵画。源義経と武蔵坊弁慶を意識したか

●官兵衛の「先任」小六

秀長と並ぶ、もうひとりの最古参家臣が蜂須賀小六だ。もともと秀吉が平民だった頃は兄貴分のような存在だったとも言われ、秀吉が信長家臣として働き始めて初めて、小六が下につくという立場に変わった。

この付き合いの長さが、秀吉を主君として戴いても直言を辞さないという、気安さに繋がったのだろう。小六は情報収集・分析能力に長け、軍指揮官としての能力※も抜群で秀吉に重宝された。

小六は各地を転戦して功績を積み、四国征伐では官兵衛ともども「軍監」として全軍のお目付け役、つまり秀吉の代理人を任されている。

※能力
小六が織田家の美濃（岐阜県）攻めの際に「墨俣一夜城」築城に活躍したというのはフィクションだが、こうした偉業を成し遂げてもおかしくない人物として知られていたとみられる。

ドラマや漫画では「山賊あがりの荒くれ者」のように描かれることが多い小六だが、もしそうなら名だたる大名が小六の指揮下に入るはずがない。秀吉に「軍師」がいるというのなら、小六もまたそのひとりである。

●大正以降に育まれた「官兵衛伝説」

なぜ彼らを差し置いて、「官兵衛万能論」が幅を利かせたのだろうか。それは、講談の影響もあるが、明治時代に「日露戦争」の終戦に尽力した政治家・金子堅太郎の著作『黒田如水伝』の力に依るところが大きい。

実は彼は筑前（福岡）藩のお陰で立身出世の糸口を掴んだ人物であり、その筑前を治めていた家こそ、黒田家。官兵衛の子孫だ。つまり金子なりに筑前藩に恩返しをするために、藩の開祖を顕彰しようとして著したのが『黒田如水伝』なのである。

歴史学者でもない金子がネタ元として活用したのは、黒田家の公式記録である『黒田家譜』。ところが、これも官兵衛を顕彰する目的で編纂された書物だった。官兵衛のひ孫にあたる黒田光之が、先祖の功績を後世に残したいと考えて編纂を命じたのだ。

藩主直々のお達しでスタートした編纂事業※だから、どうしても「おべっか」から無縁というわけにもいかない。こうして「雪降る吉兆の中で生まれた」だの、「幼少の頃より聡明穎敏にして勇猛英武」などという人物像が育まれ、後世に伝わっているのである。

※編纂事業
このときに編纂を任されたのが、当時筑前藩に雇われていた儒学者・貝原益軒。儒学思想が全面に押し出されているから、儒教思想に合致するような作りになっている。また「孝」や「徳」といったキーワードに連なるエピソードがふんだんに盛り込まれている。

32

【真の武辺者の生き様】

水野勝成の凄過ぎる生涯とは

●「大ふへん者」はここにいた！

戦国時代における「傾奇者」として「前田慶次」という名を即座に挙げる人は多い。

隆慶一郎原作の漫画『花の慶次』の主人公として人間離れした武勇を誇り、一躍、戦国きっての人気者※になった。慶次は「大ふへん者」と書いた旗と大身槍を引っさげ各地の戦場で暴れ回り、織田信長や豊臣秀吉、徳川家康をも恐れさせる。

しかし、あくまでも『花の慶次』はフィクションだ。直江兼続と同年配の親友ということになっているが、実際はずっと年上で「関ヶ原の戦い」の頃にはすでにヨボヨボのお爺さんになっていた。これでは、スーパーヒーローとしてはちときつい。

やはり、あの手の〝超人〟は創作の産物でしかないのか——と思いきや、戦国時代の史料だけを見ても、明らかに「ぶっ飛んでいる」ことがうかがえる本物の「傾奇者」がいた。

※人気者
シミュレーションゲーム『信長の野望』シリーズにも常連として登場するようになり、その強さは上杉謙信や本多忠勝をも凌ぐほどである。

それが本項の主人公・水野勝成だ。
ド派手に武功を上げながら、主君への振る舞いはなっておらず、怒りを買ってばかり。それでも同時代の武将たちが噂するほどの豪傑、それが勝成であった。

●我が道を行き過ぎて追放される

勝成は1564年生まれ。父は水野忠重であり、この人物は家康にとって母方の叔父にあたる。つまり勝成は家康の従兄弟※であった。家康と同様に忍耐強いのかと思いきや、これがまったくの正反対。10代にして戦場の最前線で首級を挙げるなど、鬼神のごとき槍働きを見せるものの、言動が常軌を逸していたことから、父に家を追放されてしまった。

特筆すべきは、その時に「奉公構※」を受けたこと。「奉公構」とは、家を飛び出した浪人を再就職させないよう、他の大名に回状を出す行為だ。トラブルを起こして出奔した浪人がこの仕打ちを受けることが多いが、嫡男相手に出すのは前代未聞である。

こうなったのは、勝成が父の家臣、つまり、ゆくゆくは自分を支える者と揉めて、カッとなって斬り殺してしまったからだった。信長お気に入りの茶坊主を斬り殺して、主君のもとから出奔した前田利家はのちに帰参したが、この時の勝成に対する父の怒りは尋常ではなく、主家筋にあたる家康が取りなしても聞く耳を持たないほどだった。

※従兄弟
忠重は家康生母・お大の方の弟だが、兄・信元の後を継いでいるので系譜上は従兄弟の子。

※奉公構
黒田長政と対立して出奔した後藤又兵衛の例が有名だが、実の子に出すというのは前例がない。

それまで勝成は、武田家の高天神城攻めで数え切れないほどの首級を挙げて信長から感状を受けたほか、出向いた戦場でことごとく武名を轟かせてきた。「小牧長久手の戦い」では、兜を被らず戦場に赴こうとして父から諫められても、聞く耳を持たずに飛び出して行き、一番槍※をつける豪胆さを見せた。

広島県福山市の福山城公園に設置されている水野勝成の銅像

それが浪人となり、「奉公構」を受けてしまうと、活躍の場は一気に狭められる。しかし生まれながらの武人の血が疼いたのが、勝成は戦場を求めて各地を放浪することになる。彼にとって幸運だったのは、まだ戦国時代が終焉を迎えていなかったことだ。

当時は豊臣秀吉が天下統一に向けて動き出していた頃。「四国討伐」をチャンスと見た勝成は、身分を偽って下級武士として秀吉の陣営に入り込む。

しかしどうしても目立つ存在だったのか、秀吉に素性がバレて逃走する。九州に流れ着いて佐々成政の配下に収まるが、主君が秀吉に切腹を命じられ、出世の道が閉ざされてしまう。

彼は放浪を続け、成政を皮切りに仕えた主君は小西

※一番槍をつける
敵方の幹部、森長可を射殺したのは勝成配下の者であったが、父からは抜け駆けを咎められたという。

行長、立花宗茂、黒田官兵衛など……。どこでも1000石はもらえたというから、彼に対する同時代人の評価がわかる。

●戦国最後の合戦でも大暴れ

しかし、どうも勝成はじっとしていられないのか、黒田家から姿を消すと、なぜか備中（岡山県）の国人領主・三村家に寄寓。ここでも茶坊主を斬り殺すなど騒動を起こすのだが、その頃秀吉が死んで、世は再び乱れ始めた。

ここで勝成は、いまさら従兄弟の力になろうと思ったのか、ひっそりと徳川家に帰参する。家康も戦場に出せば「当代最強」の武将を手駒に加えたかったからか、父・忠重と引き合わせ、和解させている。

ところが、しばらくして忠重は、石田三成方の謀略によって落命してしまう。生涯のほとんどを父といがみ合って過ごした勝成だったが、「関ヶ原の戦い」が起きると西軍の大垣城に乗り込み※、父を謀殺した仇の息子を討ち果たし「男としてのケジメ」をつけた。

こうして勝成は三河（愛知県）刈谷城主の座を譲られることになったが、言動が落ち着くことはなく、相変わらずの無軌道ぶりであった。

家康の天下獲りの最終章「大坂の陣」にも参陣した勝成は、従兄弟から固く禁じられていた単騎の抜け駆けをやらかして一番槍をつける。これなど、「小牧長久手の戦い」があっ

※大垣城に乗り込み
城攻めでは敵将に内応を促して開城させるなど、武力一辺倒ではなく、その気になれば調略もできるところを見せている。

た30年前と変わらぬ行動だ。もう50歳を超えているというのに、20代前半とやっていることが同じ。さらに無茶苦茶なことに、当時の配下には宮本武蔵を従え、軍を指揮しては敵軍の一角・後藤又兵衛の軍勢を打ち負かしている※。

こうして徳川幕藩体制が成立すると、勝成は備後福山藩を立藩する。西国には徳川家に恨みを持つ外様大名が数多く、家康は勝成を彼らへの抑えとして配置したのであった。

水野勝成が築城した福山城。現在の天守は再建されたものである

泰平の世となっても、勝成が世間の常識に囚われることはなかった。彼は官職「日向守」を拝領するのだが、この官職は当時忌み嫌われていた。「裏切り者」の代名詞・明智光秀の官職だったからだ。いわば「4」や「13」の番号のようなものだ。しかし勝成は笑い飛ばして喜んで名乗ったのだというから、やはりスケールが違う。

さらに勝成は、世の中が平穏になると、力が発揮できずにくすぶるかと思いきや、高い内政手腕を発揮して見せた。「武士の社会に上下はない」として、家臣を我が子として、家臣には自分を親として接するよう

※打ち負かしている　この頃には勝成の名前だけで敵兵が震え上がるようになっており、その旗印を見ただけで撤退する部隊もあったという。

に説くなど、ちゃっかり名君として振る舞うようになる。

●「島原の乱」で伝説再び

1637年、肥前（佐賀県）島原において、日本史上最大規模の一揆が勃発する。「島原の乱」である。九州の諸大名で討伐軍が編成されるが、世はすでに3代将軍・家光の時代。幕府軍は苦戦し、上使の板倉重昌が討ち取られる始末だった。

改めて「知恵伊豆」こと松平信綱が討伐にあたるのだが、この時、九州以外から唯一参陣した大名がいた。75歳になっていた勝成である。

老齢にもかかわらず、歴戦の強者として、信綱と同格の相談役を命じられたのである。勝成は軍議でも戦術立案に参加し、総攻撃では本丸の一番乗りを勝成の嫡子・勝俊が争った。一揆軍は全滅し、こうして勝成も最後の戦い※を終えた。

彼は「島原の乱」後、嫡男に家督を譲り、自身は隠居料を得て88歳の天寿を全うした。

その死の一年前には鉄砲を放って的に命中させ、見物人を驚愕させたというから、最後の最後まで規格外の男であった。

※戦いを終えた
戦後、第一次攻撃で戦死した板倉重昌の息子・重矩が奮戦したことを賞賛して、自らの刀を与えている。

33

【弱肉強食の戦国を生き抜いた】北条5代の外交巧者DNA

●関東を代表する強豪

北条家は小田原に本拠を構えた、関東地方を代表する戦国大名である。

鎌倉幕府の執権を世襲した北条家と区別する※ため「小田原北条家」とか「後北条家」とも呼ばれる。この家系は5代目まで約100年にわたり、関東で随一の実力者として君臨したが、それを可能にしたのは先祖の教えを忠実に守るという律儀な性格を、外交交渉の巧みな手腕とともに継承し続けられたことにあるだろう。

代を重ねるごとに着実に領土を拡大していったことにも、北条家の家風が現れている。北条氏政・氏直父子が、豊臣秀吉の全国統一のしめくくり「小田原征伐」にだらしなく屈した印象だけが残っているが、その歩みは強豪大名の名に恥じないものであった。

初代は英傑・北条早雲。かつては素浪人上がりと考えられていたが、現在では室町幕府

※区別する　執権の北条家とは遠い血縁関係にあるものの、直接的な関連はない。ちなみに早雲の代では「北条」を名乗っていない。

後北条家の礎を築いた北条早雲

で「政所執事」という財政を司るトップを世襲していた、伊勢家の出身だということがわかっている。

「下克上」を敢行して関東を騒がせたと思われがちだが、実は関東の騒乱※を鎮めるために派遣された伊勢家の人間が早雲なのである。

まずは妹の嫁ぎ先である駿河（静岡県）の名門・今川家のお家騒動を治めるなど、軍事・政治的な手腕を発揮する。

足利一門の今川家という強力な後ろ盾を得た早雲は、現在の静岡県沼津市にある興国寺城を足掛かりに、まずは南下して伊豆半島で勢力を伸ばした。

その手法は鎌倉公方家と、それを支える関東管領の上杉家、その支族や鎌倉公方の有力家臣たちが離合集散を繰り返しながら泥沼の勢力争いを繰り広げる中、弱体化した家を巧みに各個撃破しながら実力を蓄え、次なる大きな標的を定めていくという堅実なものだ。

相模（神奈川県）に食指を伸ばしたところで、代は嫡男・氏綱に。彼は名将・太田道灌を失って退勢が目立つようになった扇谷上杉家をターゲットに定めると、その主要領国である武蔵（東京都など）に確固たる影響力を得るまでに家勢を強めた。

※関東の騒乱
当時の関東地方は、西国よりも長く複雑な権力争いが続いていた地域だから、「下剋上」による混乱が激しい地域だった。

この2人が権力基盤を整備し、家訓などを定めていたこともあって、3代目の氏康はその教えを守りつつ、着実に領土を拡大した。「河越夜戦[※]」で扇谷上杉家にとどめを刺すと、その影響力は北関東にまで及ぶようになる。

さらに敵対するようになっていた今川家、長く敵対してきた武田家との同盟を結ぶと、一気に関東制覇の野望実現にまい進する。ついには鎌倉から追われて本拠を移して久しい古河公方家の跡取りに娘を娶せ、事実上の公方家の監督者として君臨するようになる。

実は氏康は「相模守」の官職受領に熱心だったのだが、これは鎌倉幕府の執権・北条家が代々、継いでいた官職でもあり、この地位を公的に認められるのは「関東のナンバー2」としての資格を持つことを内外に示すことでもあった。室町時代の「関東ナンバー2」は関東管領を世襲する山内上杉家だったから、対決するためにも必要な条件であった。

早雲の後を継いで勢力を伸ばした氏綱

●家康にはしごを外された氏政

織田信長の時代には同世代の4代目・氏政が家督を継いでいた。

氏政は武蔵からさらに北上、上野（栃木県）南部の支配圏を確立し、房総半島でも下総（千葉県）

※河越夜戦
上杉憲政・上杉朝定・足利晴氏の連合軍が氏康の河越城に押し寄せたのだが、氏康が一族の綱成らと協力してこれを撃退した戦い。

軍指揮官として卓越していた氏康

の一部にとどまっていた支配領域を南下させ、上総（千葉県）の一部を手に入れている。[※]

決して後世の一般的な評価に現れる、愚かな跡取りではなかったのだ。彼は要所に弟や累代の有力家臣、さらに帰参から日が浅くとも実力がある武将をも駒として活用して配置し、網の目のように領国を管理する体制を作り上げた。

氏政とその子・氏直は時流を見抜けず、前時代型の発想しか持てなかったから秀吉の「小田原征伐」を招いたとされてきたが、本当に暗愚な人物であれば、広大な関東のあちこちから謀反や、一揆などの火の手が早くから上がっていたはず。むしろ秀吉の侵攻に対し組織的に抵抗しているから、領民との繋がりは強固であったと見るべきだろう。

そもそも「小田原征伐」には氏政の不運も絡んでいる。

というのも、当時すでに長いこと争っていた仇敵に越後（新潟県）の上杉家があったのだが、彼らは秀吉の天下になるとさっさと秀吉の傘下に収まってしまった。もちろん「北条は不埒な輩だ」という讒言のおまけ付きである。また、北条家はギリギリまで秀吉傘下に入ろうとしなかった徳川家康と同盟を結んでいた。氏直の正室は家康の娘であり、北条

※手に入れている
「本能寺の変」の後は、織田家の関東地方担当司令官・滝川一益と激しく対立し、「神流川の戦い」でこれを破った。さらに余勢を駆って信濃（長野県）に進出し、領土を拡大した。

領は当面、直接対峙する位置関係になかったから、仮に豊臣対徳川の全面戦争になれば、徳川家を後方支援する腹積もりだった。つまり「対秀吉」※で強力なパートナーシップを築いていたのだ。

しかし、その家康が、秀吉の外交テクニックに根負けして、そそくさと上洛して臣下の礼を取ってしまう。氏政ははしごを外されたのだ。

●「小田原征伐」の口実は〝でっち上げ〟

こうして北条家攻めの口実を得た秀吉は、今さら弁解は許さないという強硬姿勢で屈服を迫るのだ。最終的に「小田原征伐」の契機になった事件として挙げられるのが「名胡桃城強奪事件」。

北条家配下の猪俣邦憲が、秀吉が真田家の領地だとしたはずの城を、裁定を不服として強引に攻め取った、というのが大まかなストーリーだ。これに怒った秀吉が全国に下知し、北条家を攻め滅ぼすべく進軍を開始したのだ。

ところが、最近になって、この事件がでっち上げだったという説が有力視されている。というの

北条家と共に滅び去った氏政

※対秀吉
北条家と長年の仇敵だった上杉家は、有力大名の中では最も早く秀吉に臣従を誓った。これは近隣の柴田勝家に対抗するためだ。秀吉は上杉景勝を高く評価するようになり、この時点で北条家滅亡のカウントダウンは始まっていたのだ。

も当時の氏政は、秀吉に対して恭順姿勢を見せていたからだ。

また、氏政たちが名胡桃城を奪還しようとしていたという確実な記録も見られない。

上洛要請についても「準備が整ったら」と返答していた。大名同士の交際、それも臣従の意思を見せるとなれば莫大な贈答品が必要になるのだが、北条家は当時、長引く戦乱で財布が空っぽだったため遅れてしまったのだ。

「対織田」の外交と同じく、時局を見極めて本物の実力者には楯突かないという、賢明な外交判断をしていたということだ。ところが秀吉は、「すぐに上洛しないのは不遜だ」と難癖をつけたうえ、北条家側の罪をでっち上げたのである。

北条家が戦争回避を目指していたのは、長く続いた戦乱で領民が疲弊していたことも一因だ。氏政としては、家の行く末がどうなろうと、戦火だけは避けたいという気持ちだったのだ。結局のところ、氏政の命運を分けたものは、秀吉に臣従するタイミング※だけだったのかもしれない。

※タイミング
北条家は長く関東を支配したためプライドが高く、徳川家や上杉家の風下に置かれるのが嫌で臣従のタイミングが遅れたという説もある。

34

【北の国唯一の大名】

北端の雄 蠣崎家の戦国時代

●北海道唯一の戦国大名

明治時代に入るまで、現在の北海道は「日本国」の一領域として存在していたとは言い難い、独特な立場に置かれている地域だった。江戸時代の徳川幕府政権は「蝦夷《えぞ》」と呼び習わされていた北海道地域を、一応は自分たちの支配領域としていたが広大な島のほとんどは「未開の地」だと思われていた。

戦国時代、その北海道に唯一の大名家として存在したのが松前家だ。大名としては後発ながら、地道に築き上げた権力基盤をそのまま認められ、松前藩を立藩※している。

この松前家は、以前は「蠣崎《かきざき》」を名乗っていた。もともと青森県下北半島から移住した一族といわれ、後に若狭武田家から婿を取ったことで、いわば武田信玄と遠い親戚筋になり、武家の中では名門にあたる毛並みを手に入れた。

※立藩
徳川家康の時代は「交代寄合」という1万石未満の旗本扱いであり、諸侯として大名に列するのは先の話。

アイヌ人が漁をする様子。クマ、キツネ、エゾシカなども獲物とした

しかし、彼らの先祖が蝦夷地に流れ着き土着を始めた頃は、軍事力も経済力もない集団に過ぎなかった。

蠣崎家が蝦夷地で台頭するより前、この地を統括していたのは、現在の秋田県にある十三湊という要衝を押さえていた安東家※だった。後に「秋田」と改姓する一族だが、彼らは鎌倉時代から代々、アイヌとの交易監督権を認められており、もともとは蠣崎家もその一員だった。

アイヌとの交易はたくさんの特産物をもたらす。

中でも昆布は、現在でも北海道沿岸のいたるところで採集できる。当時も貴重な資源で、これが上方に送られるなどして日本の「昆布だし」文化が定着していく。他にも春になると山ほど獲れるニシンは、江戸時代には巨万の富を生み出す資源として重宝されている。

海産物は本州では見かけない貴重品ばかりだから、アイヌとの交易権は〝おいしい〟利権であり、それを一手に握る安東家の東北での権力もまた、あなどれないものだった。

江戸時代になると「回船」が日本海の各港を巡回しながら特産物の運搬をしていたが、

※安東（あんとう）家　たいへん古い家柄で、源頼朝の奥州攻めの先導を務めた者が開祖とされる。彼らを東北の蝦夷（えみし）出身であるとする説と、中央の貴族が流れ着いて土着したとする説に分かれている。

これは古代からお決まりの安全な海運ルート。京都・大坂から琵琶湖を抜けて、現在の福井県あたりから北上するのは、当時としては上方と東北地方を結ぶ「最短ルート」だ。

潮の流れを利用すれば朝鮮半島との往来も容易で、日本海沿岸は古くから海運交易が盛んだったのだ。特に十三湊は集積基地としての規模も大きく、ここを本拠とする安東家の勢力が盛んになるのは、自明のことであった。

4代にわたる苦闘

室町幕府8代将軍・義政の時代。安東家は蠣崎家には目もくれず、隣国の南部家と蝦夷の利権を巡って激しく対立していた。蝦夷地でも交易価格のいざこざが発端となり、アイヌ人による反乱が起きていた。

そんな騒乱期に、安東家重臣のひとりとして名を連ねていたのが武田信広[※]。彼こそ若狭武田家出身のエリートであり、後に蠣崎家に婿入りする人物だ。安東家は「道南十二館」と称される支配領域を「上・中・下」という3つの守護地域に分割し、そのうち「上ノ国」を信広に任せた。信広は見事に「コシャマインの戦い」で知られるアイヌの反乱を鎮圧し、蠣崎家から婿養子に迎えられることになる。

その信広の嫡男・光広が蠣崎家に転機をもたらす。主筋である安東家に、自分たちを「蝦夷守護」として認めさせるべく、さまざまな工作を行ったのだ。最後には上方からやって

※武田信広
実は「自称」武田家であって、本当は海運商人だったという説もある。しかし弓の腕前は確かだった。

きた商人をスパイとして安東家に潜入させ、蠣崎家を守護として認めるよう働きかけた。

この商人に気を許した安東家は、ついに光広を「蝦夷守護」として認める。とはいえ、依然として実質的な蝦夷の支配者は安東家であった。

守護として認められた蠣崎家は蝦夷での支配権を強化していくのだが、それに対するアイヌの反発も繰り返された。

1540年代には、不毛な争いを止めようと光広の孫・季広がアイヌと和人の和睦を試みる。当時の安東家は「湊安東家」と「檜山安東家」の2系統に分裂していたのだが、季広はこのうち有力だった「檜山安東家」の当主・舜季を調停者として立て、安東家のご機嫌をとっている。

「蝦夷地の将軍」として振る舞う安東家を重視する季広の姿勢は、安東家への従属度を強めたともいえるが、地域に安定がもたらされたことで蠣崎家は経済成長への基盤※を確立できた。この頃には実質的な交易権を確保していたから、かえって影響力は強まった。

表向きは安東家の顔を立てながらも、蠣崎家はじわじわと実力を蓄えており、当時安東家に命じられて負担した軍役の規模から見て、すでに豊富な船舶と高い操船技術を有していたことがわかっている。

季広は幸運なことに子宝にも恵まれ、安東家のみならず津軽や秋田などを中心とした各地の有力豪族と姻戚関係を結ぶことに成功している。蠣崎家は依然として、蝦夷にいくつ

※基盤を確立
また、彼の姉妹が湊安東家に嫁ぐなどして、安東家との連携強化も図られている。主家に「身内」という安心感を与えつつ、蝦夷地への影響力を強化した。

もある「館」の主のひとりという立場だったが、力をつけてきた様子を見て、道南の有力者たちの中には蠣崎家の傘下に入る動きを見せる者も出てきた。

●情報戦で勝ち取った大名の座

そしていよいよ、季広の嫡男・慶広の代になると、中央政界から「蝦夷地の支配者」としてのお墨付きを得ることになる。慶広の特徴は、海運によって運ばれてくる情報を敏感に察知し、外交政策に存分に活用した点だ。

彼はフットワークも軽い。１５９０年、秀吉による関東・奥州平定がはじまると、慶広は直ちに上洛して豊臣秀吉に謁見する。書状で済ませず自ら赴いたのがキモだ。

近世のアイヌ首長イトコイの姿

すっかり秀吉の歓心を買った慶広は、道南の支配権を安堵され、アイヌ交易権についても中央の承認を得ることに成功した。

一方の安東家は、未だに一族の内紛が尾を引いていて、愛季がようやく統一を成し遂げたばかり。中央への※接近の早さそのものは、安東家も負けていなかったが、蝦夷地の支配権を巡る外交戦では完全に蠣崎家の後塵を拝する形となった。

※接近の早さ
安東家も海運から情報を吸い上げており、織田信長とは早くから誼を通じていた。

その後、東北では秀吉の裁定を契機として内紛が起きる。南部家の九戸政実が反乱を起こすと、慶広は鎮圧の兵を渡海させる。蠣崎軍はアイヌ直伝の毒矢を用いて奮闘し、この働きで慶広は「蝦夷の支配者」としての地位を、揺るぎのないものにした。

慶広はこれに慢心することなく、「朝鮮出兵」が起こるとはるばる北海道から列島を縦断し、九州・名護屋の秀吉のもとに馳せ参じた。やり手の営業マンのような手腕である。

これにはさすがの秀吉も驚愕し、「狄の千島の屋形（慶広）が、はるか遠い道のりを踏破してきおった！」と絶賛している。

こうして豊臣家に近付く一方で、慶広は海運を通じて集めた情報から「次は徳川の世」だと確信していた。秀吉が死ぬと、途端に家康に急接近し、蝦夷の地図や家譜を献上して臣従を誓った。さらに名字を「松前」と改正。

これは家康の旧姓「松平」と、前田利家の「前」から一字ずつ選んだもの。こうして松前家は江戸時代も蝦夷の管理を任され、明治維新まで「松前藩」※として存続したのだ。

※松前藩
幕末の動乱の時の松前藩は、一時は「奥羽越列藩同盟」に参加して新政府軍と戦う姿勢を見せるも、箱館戦争ではあっさりと新政府側に寝返った。変わり身の早さは松前家の伝統芸らしい。子孫が帝国土地開拓の取締役に就任している。

35

【日本人傭兵部隊を率いて活躍】

タイで王様になった山田長政

●戦国武将最後のフロンティアに渡る

ここまで色々な戦国武将に触れてきたが、彼らをも凌ぐ波瀾万丈の生涯を送った男がいる。ドラマ性では織田信長・豊臣秀吉・徳川家康にも引けをとらないだろう。男の名は、山田長政。朱印船で台湾からシャム（タイ）にわたり、そこで国王になった武将である。

長政は武士階級ではなく庶民の出だったようで、出自※がはっきりしない。出生地も伊勢（三重県）や尾張（愛知県）、長崎に駿河（静岡県）と諸説紛々としている。生年はおおよそ1590年前後とされているから、戦国時代末期に活躍した井伊直孝などと同年代ということになる。

1605年。家康が秀忠に将軍職を譲り、隠居の地として駿河に移って大御所政治を始めたころ、長政は駿府にいた。当時、すでに外国との交易拠点として長崎が栄えていたが、

※出自がはっきりしない　もともと城主の籠かきだったことは判明している。

海禁政策はまだ敷かれておらず、駿府城下にも外国人が訪れていた。イスパニア国王の答礼使や、イギリス国王の親書を携えた外交使が家康のもとを訪ねていた。つまり駿府は、国内有数の国際都市になっていたのだ。

そんな土地柄だから、朱印船貿易に精を出す商人たちの出入りも頻繁だった。東南アジア各地と交易する商人たちは大御所・家康に国際情報をもたらし、日本側が支払いに利用していた銀は、ヨーロッパ各国にとって魅力的であった。

一方で当時の海外は、「関ヶ原の合戦」で国中にあぶれ出た浪人たちにとって、最後の〝フロンティア〟でもあった。武士として生計が立てられなければ、帰農するぐらいしか選択肢がなかったところ、海外に移住して心機一転、第二の人生を花開かせようと考える無名の浪人が、数多く存在していたのだ。

●国王の信任を得る

長政も駿府にあって、海外で一旗挙げようと考えたようだ。

彼は浪人ですらなく、無名の庶民だったが一説によると武士として成り上がるために兵法を学んでいたともいうから、野心に胸を膨らませた青年だったのだろう。

彼は長崎から駿府商人が繰り出す貿易船へと乗り込み、シャム王国の首都・アユタヤへ渡る。[※]渡航した年はこれまた判然としないが、タイの現地人妻との間に子どもを授かった

※渡航
一説によると、英国の探検家キャプテン・クックが1770年にオーストラリア大陸を発見するはるか前に、長政が同大陸に上陸していたという。オーストラリアの外交官が作成したレポートに書かれた仮説らしいが、その人物が死亡してしまい立ち消えになってしまった。

アユタヤにある山田長政像

のが１６１３年だから、少なくともそれ以前に日本を出立していたことは確実だろう。

アユタヤに降り立った長政は、貿易商を営み次第に財をなしていく。自分で用立てた船だけではなく、オランダ船まで自身の影響下に置いて日本に派遣しているから、相当な実力を備えていったことが窺える。

長政は商人として成功するだけではなく、即位して間もないソングタム国王の信任まで勝ち得ていた。当時のシャム王国は内乱や国王の後継者争いが頻発しており、長政は新国王を財政面で支援する傍ら、かつて学んだ兵法で補佐していたのかもしれない。

国王の後ろ盾を得た長政は、ライバルのオランダ商人を次第に駆逐し、シャム王国と日本との貿易を半ば独占して仕切り始めた。この頃には彼の名声はシャム王国内でも高まっていたようで、王国の6つに分類された貴族階級のうち、上から2番目の「オープラ」という位を名乗っている。

ソングタム国王が病死すると、長政は後継者を決めるルールに口を出し始める。

しかし、若き国王を擁立※しようとして手を結んだ宮中の実力者と対立するようになり、王宮内から長政への不満の声が高まっていく。

※擁立
国王崩御後の内乱では、日本人傭兵８００人とシャム軍２万人を率いて王宮を守り抜いたという。

山田長政終焉の地・ナコーンシータンマラートにある記念碑

そんな事態に長政は日本人町で傭兵部隊を組織、陣※頭指揮をとるようになる。傭兵部隊には日本の長い長い戦国時代で鍛えられた、浪人たちが含まれていたはずだ。

長政を恐れた政敵は、厄介払いでリゴールというシャム王国の衛星国に飛ばしてしまう。しかし、これが縁で長政は国王にまで上り詰めることになるのだから、運命とは不思議なものだ。

●毒を盛られ異国の地で果てる

リゴールもまた、王位継承権を巡る争いが絶えない土地柄だった。長政は連れてきた傭兵部隊を中心とした軍勢でリゴールの首都を陥落させる。

シャム王国に反発的だった国王は、捕えてアユタヤ送りにしてしまった。

かたやシャム王国では、長政をリゴール送りにした人物が王位を継承していた。彼は長政をリゴール国王へと祭り上げるのだが、長政は長政で、この新たなシャム国王を打倒しようと目論んでいたのだから複雑だ。

※陣頭指揮
当時のタイの戦闘では戦象が用いられていたため、長政も象に乗って戦ったとされる。ちなみに雄象は雌象に向かっていってしまう習性があるため、戦場に出る象はすべて雄象であった。

ただ、この時の長政は戦闘で受けた傷を療養中であり、シャム王国への進撃は控えていた。シャム国王は、表面上は長政を立てつつ、裏でリゴール前国王の重臣に密書を渡し、長政暗殺計画を決行する。

長政の命を奪ったのは、側近として重用していた人物だった。彼は「長政暗殺」の密命を帯びたシャム王国重臣の実弟だったのだが、兄と違って味方のふりをしていたので、手元に置いていたのだった。

その側近は長政の傷に甲斐甲斐しく膏薬を塗るのだが、なんとそこには毒薬が仕込まれていたという。長政の死因は毒殺とも戦傷死ともいわれるが、ともあれ遠く離れた異国の地※で権力闘争に敗れ、抹殺されてしまったのである。

長政の死後、その野望を継いだ息子は国王を世襲しようと動き出すが、王位を簒奪した異邦人の子に、国民が服従するはずもない、また、リゴール王はシャム国王の推薦で戴冠するというルールもあった。追いつめられた長男は国外に逃亡。向かった先はカンボジアとも、ミャンマーともいわれる――。

※異国の地
タイには、長政にちなんだ「ナーンガーム通り」という道路がある。「長政」の響きが転じて「ナーンガーム」になったとされる。

おわりに

いつの時代にも言えることだが、「歴史の真実」というものは、新しい史料が発見されると、あっという間にひっくり返ってしまう。教科書にも載っている〝史実〟が一夜にして〝俗説〟に転落してしまうのだ。

例えば、筆者の世代は学校で「聖徳太子」や「仁徳天皇陵」について教わったが、現代っ子たちが使う教科書には、それらは記載されていない。聖徳太子は「厩戸皇子（聖徳太子）」とされ、仁徳天皇陵は「大仙古墳（伝仁徳天皇陵）」と表現されている。

本書で取り上げた「戦国時代」もそうで、史料を調べれば調べるほど、自分の頭の中で作り上げた「脳内戦国武将」と史実との乖離に驚かされるばかりだ。それだけ江戸時代以来、講談や小説、演劇作品などが日本人に刷り込んできた〝誤解〟は根深いのだ。

面白いのは、戦国時代最大の事件「本能寺の変」について、未だに歴史学の世界ではリアルタイムで〝史実〟が更新中だということだ。

2014年6月23日、一般財団法人の林原美術館と岡山県立博物館は、林原美術館の所蔵史料の中から「石谷家文書」を発見したと発表した。この文書は「本能寺の変」の直前に長宗我部家と織田家の関係が、急速かつ深刻に悪化していたことを、はっきりと示すものの。当時、長宗我部家との折衝を一手に担っていたのは明智光秀とその重臣・斉藤利三であり、その後に彼らがとった行動と、両家の関係悪化との関連が解明されれば、「本能寺の変」の全容解明も視野に入ってくる。

さて、筆者は歴史を扱った書籍を多数執筆していながら、今回改めてさまざまな文献を収集し、読み進めていくと、新たな知見を得たことも多かった。特に右に挙げたような最新の研究成果を記した書籍からは得るものが多く、また古いものであっても、違った視野からの「発見」があったりもした。

そういった新鮮な驚きと興奮を、読者の方々にそのまま届けることができたのであれば、筆者としてこの上ない喜びだ。最後に、私の愛する「戦国時代」を題材とした本書を書く機会を与えてくださった彩図社、ならびに担当の吉本竜太郎さんに、この場を借りて御礼申し上げます。

２０１４年12月　熊谷充晃

【参考文献】（著者五十音順・敬称略）

《書籍》

池亭（監修）『戦国時代がわかる！』成美堂出版／池亭、矢田俊文（編）『増補改訂版上杉氏年表』高志書院／石田晴男『応仁・文明の乱』吉川弘文館／市村高男『東国の戦国合戦』吉川弘文館／井上鋭夫『謙信と信玄』吉川弘文館／今谷明、天野忠幸（監修）『三好長慶』宮帯出版社／植田美津恵『戦国武将の健康術』ゆいぽおと／エディターズ・キャンプ、濱田浩一郎（監修）『戦国武将の「リストラ」逆転物語』エクスナレッジ／榎本秋『戦国坊主列伝』幻冬舎『江と戦国の姫君たち』イースト・プレス『籠城』宝島社／太田浩司『浅井長政と姉川合戦』サンライズ／岡谷繁実『定本名将言行録（全3巻）』新人物往来社／岡谷繁実、北小路健、中澤惠子（訳）『現代語訳　名将言行録』講談社／小和田哲男『戦国合戦事典』ＰＨＰ研究所『この一冊で「戦国武将」１０１人がわかる！』三笠書房『戦国時代は裏から読むとおもしろい！』青春出版社『史伝　山田長政』学研『豊臣秀次』ＰＨＰ研究所『戦国武将の生き方死にざま』新人物往来社／小和田哲男（監修）『戦国武将　戦略・戦術事典』主婦と生活社／加藤貞仁『北前船と秋田』無明舎／加藤鐵雄『戦国武将「旗指物」大鑑』彩流社／金谷匡人『海賊たちの中世』吉川弘文館／鴨川達夫『武田信玄と勝頼』岩波書店／家紋の秘密研究会（編）『もっと知りたい家紋の秘密』リイド社／川和二十六、富永商太（画）『戦国時代１００の大ウソ』鉄人社／神田千里『宗教で読む戦国時代』講談社『一向一揆と石山合戦』吉川弘文館／北島万次『秀吉の朝鮮侵略と民衆』岩波書店／九軍師『戦国忍者クール列伝』ＫＡＤＯＫＡＷＡ／クリエイティブ・スイート（編著）『戦国武将甲冑絵巻』宝島社／黒田基樹『百姓から見た戦国大名』筑摩書房『小田原合戦と北条氏』吉川弘文館『戦国北条氏五代』戎光祥出版『戦国関東の覇権戦争』洋泉社『戦国大名　政策・統治・戦争』平凡社／桑田忠親『武士の家訓』旺文社『太閤家臣団』新人物往来社／桑田忠親、小和田哲男（監修）『戦国武将と茶の湯』宮帯出版社／呉座勇一『戦争の日本中世史』新潮社／斎藤慎一『戦国時代の終焉』中央公論新社／酒井シヅ（監修）『戦国武将の死亡診断書』エクスナレッジ／桜井英治、清水克行『戦国法の読み方』高志書院／笹間良彦『図説　甲冑のすべて』ＰＨＰ研究所／笹本正治『実録　戦国時代の民衆たち』一草舎／佐藤正英（校訂・訳）『甲陽軍鑑』筑摩書房／篠田達明『戦国武将の死生観』新潮社／柴辻俊六『信玄の戦略』中央公論新社／清水昇『戦国忍者は歴史をどう動かしたのか？』青春出版社『戦国忍者列伝』学研／鈴木眞哉『その時、歴史は動かなかった⁉』ＰＨＰ研究所『戦国鉄砲・傭兵隊』『戦国史の怪しい人たち』『刀と首取り』平凡社『戦国「常識・非常識」大論争！』洋泉社／鈴木理生『江戸はこうして造られた』筑摩書房／戦国史新聞編纂委員会（編）『戦国史新聞』日本文芸社／染谷光廣『秀吉の手紙を読む』吉川弘文館／高澤等『戦国武将敗者の子孫たち』洋泉社／滝沢弘康『秀吉家臣団の内幕』ソフトバンククリエイティブ／竹田鏡村『「図説」戦国兵法のすべて』ＰＨＰ研究所／武田氏研究会（編）『武田氏年表』高志書院／武光誠『家紋に残された戦国武将五つの謎』青春出版社／谷口克広『信長の親衛隊』『織田信長合戦全記録』『信長と消えた家臣たち』『信長軍の司令官』中央公論新社／谷端昭夫『茶の湯人物誌』淡交社／土橋治重『北政所ねね』成美堂出版／東郷隆、上田信（絵）『戦国武士の合戦心得』『雑兵足軽たちの戦い』講談社／乃至政彦『戦国武将と男色』洋泉社／中江克己『戦国武将あの人の顛末』青春出版社／中田正光『村人の城・戦国大名の城』洋泉社／永山久夫『武将メシ』宝島社『戦国の食術』学研／二木謙一『戦国武将の手紙』角川学芸出版／西股総生『戦国の軍隊』『「城取り」の軍事学』『土の城指南』学研／日本博学倶楽部（編）『戦国武将あの人の意外な「その後」』PHP研究所／羽生道夫『あの戦国武将の意外な素顔』新人物往来社／平山優『長篠合戦と武田勝頼』吉川弘文館『穴山武田氏』戎光祥出版／福島克彦『畿内・近国の戦国合戦』吉川弘文館／藤木久志『中世民衆の世界』『刀狩り』岩波書店『飢餓と戦争の戦国を行く』朝日新聞出版／藤田達生『秀吉と海賊大名』中央公論新社／藤本正行、鈴木眞哉『偽書「武功夜話」の研究』洋泉社／丸島和洋『戦国大名の「外交」』講談社／三浦一郎、永郁康之（画）『日本甲冑図鑑』新紀元社／三浦正幸『城のつくり方図典』小学館／水野大樹『室町時代人物事典』新紀元社／光成準治『関ヶ原前夜』NHK出版／棟方武城、笹間良彦（監修）『すぐわかる日本の甲冑・武具 改訂版』東京美術／村井良介『戦国大名権力構造の研究』思文閣出版／森岡浩（編）『戦国大名家事典』東京堂出版／森田善明『北条氏滅亡と秀吉の策略』洋泉社／盛本昌広『贈答と宴会の中世』吉川弘文館『軍需物資から見た戦国合戦』洋泉社／森山嘉蔵『安東氏』無明舎／矢部健太郎『関ヶ原合戦と石田三成』吉川弘文館／矢部良明『エピソードで綴る戦国武将茶の湯物語』宮帯出版社／山田康弘『戦国時代の足利将軍』吉川弘文館／山名美和子『戦国姫物語』鳳書院／山本浩樹『西国の戦国合戦』吉川弘文館／山本博文『信長の血統』文藝春秋／八幡和郎『戦国武将の通知表』宝島社『戦国大名 県別国盗り物語』PHP研究所／湯浅治久『戦国仏教』中央公論新社／横山茂彦『合戦場の女たち』世界書院／横山住雄『織田信長の尾張時代』戎光祥出版／吉田龍司、常井宏平『戦国武将伝説の〝通り名〟』宝島社／吉永正春『九州戦国の武将たち』『九州戦国の女たち』海鳥社／米沢二郎、小山内新『戦国武将ガイド』新紀元社／ルイス・フロイス、松田毅一、川崎桃太（訳）『完訳フロイス日本史（全12巻）』中央公論新社／歴史群像編集部（編）『全国版 戦国時代人物事典』学研／歴史探訪研究の会（編）『戦国武将の遺言36選』リイド社／歴史読本編集部（編）『物語 戦国を生きた女101人』『戦国大名の四天王列伝』『戦国大名と政略結婚』新人物往来社／「歴史の真相」研究会『異説 戦国武将99の謎』宝島社／若松和三郎『戦国三好氏と篠原長房』戎光祥出版／脇田晴子『室町時代』中央公論新社／渡邊大門『もう一つの関ヶ原』角川学芸出版『牢人たちの戦国時代』平凡社／『ゼロからわかる戦国の軍師』学習研究社／『読める年表 風雲の戦国乱世』自由国民社／『戦国武将の死にざま』綜合図書／『必携茶湯便利帳』宮帯出版社／『戦国武器甲冑事典』誠文堂新光社

《その他》

歴史と旅増刊『戦国動乱135の戦い』『戦国大名城郭事典』秋田書店／別冊歴史読本『日本城郭事典』『戦国妖星伝』『日本名刀大図鑑』『戦国大名血族系譜総覧』」新人物往来社／歴史群像シリーズ特別編集『図説・縄張りのすべて』学習研究社／新人物往来社『歴史読本』2002年7月号、2003年2、5、9月号、2004年8、11月号、2005年2月号、2007年8月号、2009年4月号／KKベストセラーズ『歴史人』2011年4、8月号、2013年12月号

彩図社の好評既刊本

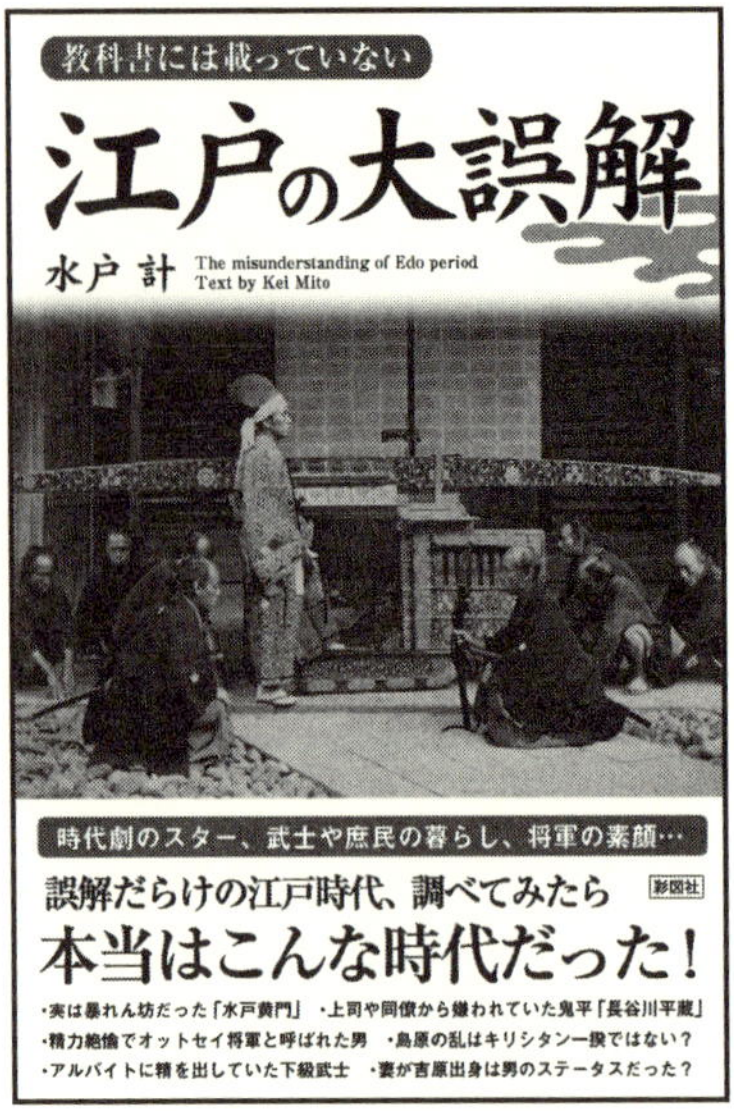

江戸の大誤解

水戸計 著
ISBN978-4-88392-963-4
定価：本体 1200 円＋税

本当は暴れん坊副将軍だった「水戸黄門」、上司や同僚から嫌われていた「長谷川平蔵」といった時代劇のスターの知られざる素顔から、「島原の乱」、「桜田門外の変」などの舞台裏まで、知れば時代劇や時代小説がさらに楽しめる、江戸時代の知られざる姿をご紹介！

彩図社の好評既刊本

幕末の大誤解

熊谷充晃 著
ISBN978-4-88392-898-9
定価：本体 1200 円＋税

若き志士たちが新しい世のため、血と汗を流して奔走し、ふたつの勢力が国の形をめぐって全国を舞台に壮絶な戦いを繰り広げた時代——幕末。日本人が小説にドラマ、映画と「物語」を語り継ぐ中で生まれた数々の「誤解」を痛快に暴く！

著者略歴

熊谷充晃（くまがい・みつあき）

1970 年生まれ、神奈川県出身。

フリーライターとして編集プロダクションに在籍、後に週刊誌の専属フリー編集記者。興味を抱くとさらに知りたくなる好奇心の強さが持ち味で、芸能から社会時事ネタ、風俗から美容・健康法や占いなど幅広いジャンルで活動。

複数の単行本を刊行しているほか、雑誌やムックでも執筆。大手企業の公式サイト内コンテンツや新聞コラムの連載なども手がけている。

歴史に熱中したのは高校時代。以後、日本史では奈良朝以前の古代や戦国時代、西洋史では古代ギリシャ時代やハプスブルク家、中国史では春秋戦国時代や三国時代、ほか世界各地の古代文明などを中心に、気の向くままに知識を求めている。主な著書に『幕末の大誤解』『明治の日本』（共に彩図社）、『黒田官兵衛と軍師たちの「意外」な真実』（大和書房）。

教科書には載っていない！

戦国時代の大誤解

平成 27 年 1 月 22 日　第 1 刷
平成 27 年 2 月 6 日　第 2 刷

著　者　熊谷《くまがい》充晃《みつあき》

発行人　山田有司

発行所　株式会社　彩図社
東京都豊島区南大塚 3-24-4
ＭＴビル　〒 170-0005
TEL：03-5985-8213　FAX：03-5985-8224

印刷所　新灯印刷株式会社

URL：http://www.saiz.co.jp　携帯サイト　http://saiz.co.jp/k →

© 2015.Mitsuaki Kumagai Printed in Japan.　ISBN978-4-8013-0049-1 C0021

落丁・乱丁本は小社宛にお送りください。送料小社負担にて、お取り替えいたします。
定価はカバーに表示してあります。
本書の無断複写は著作権上での例外を除き、禁じられています。